子どもと共に本気で考える！

小学校

5つの「発問」でつくる道徳授業

中村優輝

著

教材研究に便利な
内容項目一覧表
つき

東洋館出版社

はじめに

　本書の出版が決まり、前著『内容項目から始めよう　直球で問いかける小学校道徳科授業づくり』（東洋館出版社）同様、ワクワクしております（きっと前著を読んでくださった方は、このワクワクという思いが特に伝わるはず）。

　前著では、全内容項目を１〜３年生と４〜６年生に分けて、授業の導入や発問例、子どもの振り返りを記しました。「授業づくりに自信のない方にとって辞書的に活用できる本ですね」「授業準備の際に、使わせてもらっています」といったうれしい声をたくさんいただきました。この場を借りてお礼申し上げます。本当にありがとうございます。

　その一方で、「導入だけでなく、授業の全体をみたい」「どうやって、本に書いてある発問を考えているの？」という声もいただきました。授業の全体に関しては、授業の終わりに必ず記録用に写真を撮っており、子どもたち全員の振り返りの記録も残しているため、お伝えすることができます。しかし「どうやって発問を考えているの？」に関しては、返答に困りました（ちなみにこの質問は、同僚からやzoomを活用したオンライン研修でよくありました）。

　なぜ困ったかというと、言語化できなかったからです。もっと言えば、感覚的に発問を考えていたからです。お世話になっている大学の先生からは「発問の考え方を言語化できれば、もっとスキルが上がるだろうね」と声をかけていただきました。そこから、自分の発問や発問づくりに、とことん向き合いました。自分の授業動画を見たり、発問を書き出したりしました。そして、今の私の発問に対する考えを言語化することができました。それが本書『子どもと共に本気で考える！　小学校　５つの「発問」でつくる道徳授業』になります。

本書は、前著に記した内容項目の考え方をベースに、「道徳科の発問」につい
て記しました。そのため、可能であるならば前著（特に32ページまで）をもう
一度読んでいただけると、本書をスムーズに読んでいただくことができると思い
ます。

　また、第3章では、内容項目の解説や14の定番教材の活用のポイントや発問例、
そして導入から終末までの実際の授業の流れを記しました。きっと具体的に道徳
科の授業をイメージしながら読み進めていただけると思います。

　道徳科の発問に関する書籍は、本屋さんにたくさん並べられています。本書は、
それらの書籍とは異なるアプローチ（特に5つの発問と展開A案とB案）で記し
ています。それは、子どもたちの考えをつなぎながら、子どもと共に本気で考え
るためです。本書が、1人でも多くの方のお役に立つことができますように。

中村優輝

内容項目一覧表

	小学校第1学年及び第2学年	小学校第3学年及び第4学年
A　主として自分自身に関すること		
善悪の判断、自律、自由と責任	（1）よいことと悪いこととの区別をし、よいと思うことを進んで行うこと。	（1）正しいと判断したことは、自信をもって行うこと。
正直、誠実	（2）うそをついたりごまかしをしたりしないで、素直に伸び伸びと生活すること。	（2）過ちは素直に改め、正直に明るい心で生活すること。
節度、節制	（3）健康や安全に気を付け、物や金銭を大切にし、身の回りを整え、わがままをしないで、規則正しい生活をすること。	（3）自分でできることは自分でやり、安全に気を付け、よく考えて行動し、節度のある生活をすること。
個性の伸長	（4）自分の特徴に気付くこと。	（4）自分の特徴に気付き、長所を伸ばすこと。
希望と勇気、努力と強い意志	（5）自分のやるべき勉強や仕事をしっかりと行うこと。	（5）自分でやろうと決めた目標に向かって、強い意志をもち、粘り強くやり抜くこと。
真理の探究		
B　主として人との関わりに関すること		
親切、思いやり	（6）身近にいる人に温かい心で接し、親切にすること。	（6）相手のことを思いやり、進んで親切にすること。
感謝	（7）家族など日頃世話になっている人々に感謝すること。	（7）家族など生活を支えてくれている人々や現在の生活を築いてくれた高齢者に、尊敬と感謝の気持ちをもって接すること。
礼儀	（8）気持ちのよい挨拶、言葉遣い、動作などに心掛けて、明るく接すること。	（8）礼儀の大切さを知り、誰に対しても真心をもって接すること。
友情、信頼	（9）友達と仲よくし、助け合うこと。	（9）友達と互いに理解し、信頼し、助け合うこと。
相互理解、寛容		（10）自分の考えや意見を相手に伝えるとともに、相手のことを理解し、自分と異なる意見も大切にすること。

『小学校学習指導要領（平成29年告示）解説　特別の教科道徳編』p.26-27より

学年段階ごとに示されている内容項目は、道徳教育における学習の基本です。

該当の学年だけでなく、前後の学年、さらには中学校での指導の観点を見通すことが大切です。ご自身の教材研究の際に、ぜひお役立てください。

小学校第5学年及び第6学年	中学校	
A　主として自分自身に関すること		
（1）自由を大切にし、自律的に判断し、責任のある行動をすること。	（1）自律の精神を重んじ、自主的に考え、判断し、誠実に実行してその結果に責任をもつこと。	自主、自律、自由と責任
（2）誠実に、明るい心で生活すること。		
（3）安全に気を付けることや、生活習慣の大切さについて理解し、自分の生活を見直し、節度を守り節制に心掛けること。	（2）望ましい生活習慣を身に付け、心身の健康の増進を図り、節度を守り節制に心掛け、安全で調和のある生活をすること。	節度、節制
（4）自分の特徴を知って、短所を改め長所を伸ばすこと。	（3）自己を見つめ、自己の向上を図るとともに、個性を伸ばして充実した生き方を追求すること。	向上心、個性の伸長
（5）より高い目標を立て、希望と勇気をもち、困難があってもくじけずに努力して物事をやり抜くこと。	（4）より高い目標を設定し、その達成を目指し、希望と勇気をもち、困難や失敗を乗り越えて着実にやり遂げること。	希望と勇気、克己と強い意志
（6）真理を大切にし、物事を探究しようとする心をもつこと。	（5）真実を大切にし、真理を探究して新しいものを生み出そうと努めること。	真理の探究、創造
B　主として人との関わりに関すること		
（7）誰に対しても思いやりの心をもち、相手の立場に立って親切にすること。	（6）思いやりの心をもって人と接するとともに、家族などの支えや多くの人々の善意により日々の生活や現在の自分があることに感謝し、進んでそれに応え、人間愛の精神を深めること。	思いやり、感謝
（8）日々の生活が家族や過去からの多くの人々の支え合いや助け合いで成り立っていることに感謝し、それに応えること。		
（9）時と場をわきまえて、礼儀正しく真心をもって接すること。	（7）礼儀の意義を理解し、時と場に応じた適切な言動をとること。	礼儀
（10）友達と互いに信頼し、学び合って友情を深め、異性についても理解しながら、人間関係を築いていくこと。	（8）友情の尊さを理解して心から信頼できる友達をもち、互いに励まし合い、高め合うとともに、異性についての理解を深め、悩みや葛藤も経験しながら人間関係を深めていくこと。	友情、信頼
（11）自分の考えや意見を相手に伝えるとともに、謙虚な心をもち、広い心で自分と異なる意見や立場を尊重すること。	（9）自分の考えや意見を相手に伝えるとともに、それぞれの個性や立場を尊重し、いろいろなものの見方や考え方があることを理解し、寛容の心をもって謙虚に他に学び、自らを高めていくこと。	相互理解、寛容

	小学校第1学年及び第2学年	小学校第3学年及び第4学年
C　主として集団や社会との関わりに関すること		
規則の尊重	(10) 約束やきまりを守り、みんなが使う物を大切にすること。	(11) 約束や社会のきまりの意義を理解し、それらを守ること。
公正、公平、社会正義	(11) 自分の好き嫌いにとらわれないで接すること。	(12) 誰に対しても分け隔てをせず、公正、公平な態度で接すること。
勤労、公共の精神	(12) 働くことのよさを知り、みんなのために働くこと。	(13) 働くことの大切さを知り、進んでみんなのために働くこと。
家族愛、家庭生活の充実	(13) 父母、祖父母を敬愛し、進んで家の手伝いなどをして、家族の役に立つこと。	(14) 父母、祖父母を敬愛し、家族みんなで協力し合って楽しい家庭をつくること。
よりよい学校生活、集団生活の充実	(14) 先生を敬愛し、学校の人々に親しんで、学級や学校の生活を楽しくすること。	(15) 先生や学校の人々を敬愛し、みんなで協力し合って楽しい学級や学校をつくること。
伝統と文化の尊重、国や郷土を愛する態度	(15) 我が国や郷土の文化と生活に親しみ、愛着をもつこと。	(16) 我が国や郷土の伝統と文化を大切にし、国や郷土を愛する心をもつこと。
国際理解、国際親善	(16) 他国の人々や文化に親しむこと。	(17) 他国の人々や文化に親しみ、関心をもつこと。
D　主として生命や自然、崇高なものとの関わりに関すること		
生命の尊さ	(17) 生きることのすばらしさを知り、生命を大切にすること。	(18) 生命の尊さを知り、生命あるものを大切にすること。
自然愛護	(18) 身近な自然に親しみ、動植物に優しい心で接すること。	(19) 自然のすばらしさや不思議さを感じ取り、自然や動植物を大切にすること。
感動、畏敬の念	(19) 美しいものに触れ、すがすがしい心をもつこと。	(20) 美しいものや気高いものに感動する心をもつこと。
よりよく生きる喜び		

小学校第5学年及び第6学年	中学校	
C　主として集団や社会との関わりに関すること		
(12) 法やきまりの意義を理解した上で進んでそれらを守り、自他の権利を大切にし、義務を果たすこと。	(10) 法やきまりの意義を理解し、それらを進んで守るとともに、そのよりよい在り方について考え、自他の権利を大切にし、義務を果たして、規律ある安定した社会の実現に努めること。	遵法精神、公徳心
(13) 誰に対しても差別をすることや偏見をもつことなく、公正、公平な態度で接し、正義の実現に努めること。	(11) 正義と公正さを重んじ、誰に対しても公平に接し、差別や偏見のない社会の実現に努めること。	公正、公平、社会正義
(14) 働くことや社会に奉仕することの充実感を味わうとともに、その意義を理解し、公共のために役に立つことをすること。	(12) 社会参画の意識と社会連帯の自覚を高め、公共の精神をもってよりよい社会の実現に努めること。	社会参画、公共の精神
	(13) 勤労の尊さや意義を理解し、将来の生き方について考えを深め、勤労を通じて社会に貢献すること。	勤労
(15) 父母、祖父母を敬愛し、家族の幸せを求めて、進んで役に立つことをすること。	(14) 父母、祖父母を敬愛し、家族の一員としての自覚をもって充実した家庭生活を築くこと。	家族愛、家庭生活の充実
(16) 先生や学校の人々を敬愛し、みんなで協力し合ってよりよい学級や学校をつくるとともに、様々な集団の中での自分の役割を自覚して集団生活の充実に努めること。	(15) 教師や学校の人々を敬愛し、学級や学校の一員としての自覚をもち、協力し合ってよりよい校風をつくるとともに、様々な集団の意義や集団の中での自分の役割と責任を自覚して集団生活の充実に努めること。	よりよい学校生活、集団生活の充実
(17) 我が国や郷土の伝統と文化を大切にし、先人の努力を知り、国や郷土を愛する心をもつこと。	(16) 郷土の伝統と文化を大切にし、社会に尽くした先人や高齢者に尊敬の念を深め、地域社会の一員としての自覚をもって郷土を愛し、進んで郷土の発展に努めること。	郷土の伝統と文化の尊重、郷土を愛する態度
	(17) 優れた伝統の継承と新しい文化の創造に貢献するとともに、日本人としての自覚をもって国を愛し、国家及び社会の形成者として、その発展に努めること。	我が国の伝統と文化の尊重、国を愛する態度
(18) 他国の人々や文化について理解し、日本人としての自覚をもって国際親善に努めること。	(18) 世界の中の日本人としての自覚をもち、他国を尊重し、国際的視野に立って、世界の平和と人類の発展に寄与すること。	国際理解、国際貢献
D　主として生命や自然、崇高なものとの関わりに関すること		
(19) 生命が多くの生命のつながりの中にあるかけがえのないものであることを理解し、生命を尊重すること。	(19) 生命の尊さについて、その連続性や有限性なども含めて理解し、かけがえのない生命を尊重すること。	生命の尊さ
(20) 自然の偉大さを知り、自然環境を大切にすること。	(20) 自然の崇高さを知り、自然環境を大切にすることの意義を理解し、進んで自然の愛護に努めること。	自然愛護
(21) 美しいものや気高いものに感動する心や人間の力を超えたものに対する畏敬の念をもつこと。	(21) 美しいものや気高いものに感動する心をもち、人間の力を超えたものに対する畏敬の念を深めること。	感動、畏敬の念
(22) よりよく生きようとする人間の強さや気高さを理解し、人間として生きる喜びを感じること。	(22) 人間には自らの弱さや醜さを克服する強さや気高く生きようとする心があることを理解し、人間として生きることに喜びを見いだすこと。	よりよく生きる喜び

第 1 章

理論編

1 道徳科の目標

「道徳教育の目標に基づき、よりよく生きるための基盤となる道徳性を養うため、道徳的諸価値についての理解を基に、自己を見つめ、物事を多面的・多角的に考え、自己の生き方についての考えを深める学習を通して、道徳的な判断力、心情、実践意欲と態度を育てる。」

『小学校学習指導要領（平成29年告示）解説　特別の教科道徳編』p.16より

改めて道徳科の目標を読み、道徳科について考えてみました。私が道徳科を通して、子どもたちに１人の人間として、どんな人になってほしいと考えているのか。それは「幸福」を追い求め続けていくことができる人。自分自身の幸福はもちろん、他者や社会全体の幸福にも目を向けてほしいと考えています。

「幸福」とは、満ち足りていること。不平や不満がなく、たのしいこと。また、そのさま。しあわせ。　　　　　　　　　　　　　　　（goo辞書より）

「幸福」について調べると、このように記されていました。「幸福」の捉え方は、人それぞれ、また時と場合によっても異なることでしょう。皆の幸福感を満たすことは容易ではありません。というより不可能かもしれません。しかし、その幸福の実現に向けて一歩でも近付くためには、道徳科の授業を通して道徳的価値の理解にとどまらず、道徳的「諸」価値の理解が求められると考えます。大切なのは、その理解を「基」にすることです。つまり、価値理解のみが大切なのではなく、**価値理解をベースにして考えていくことが大切**だということです。

道徳的諸価値は絶対的なものとして指導したり、道徳的諸価値のよさを観念的に理解させたりする授業ではいけません。例えば、その価値が大切だということは分かるけれど、実現できない自分がいる（親切にした方がいいと分かっているが、勇気を出すことができず、行動できないという人間の弱さ）というように、

価値理解を「基」に人間理解や他者理解について考えていくことが、授業をする上で大切になってきます。

2 道徳科でできること

「特定の価値観を児童に押し付けたり、主体性をもたずに言われるままに行動するよう指導したりすることは、道徳教育の目指す方向の対極にあるものと言わなければならない。多様な価値観の、時に対立がある場合を含めて、自立した個人として、また、国家・社会の形成者としてよりよく生きるために道徳的価値に向き合い、いかに生きるべきかを自ら考え続ける姿勢こそ道徳教育が求めるものである。」

『小学校学習指導要領（平成29年告示）解説　特別の教科道徳編』p.16より

　近年、ITの普及、AIの発達、グローバル化の加速などが急激に発展し、将来の変化を予測することが困難な時代と言われています。では、これからの未来、どんな人間が求められているのでしょうか。文部科学省「2030年の社会と子供たちの未来」によれば、「社会の変化に受け身で対処するのではなく、主体的に向き合って関わり合い、その過程を通して、一人一人が自らの可能性を最大限に発揮し、よりよい社会と幸福な人生を自ら創り出していくことが重要」と記されています。

　道徳科では、道徳性を養うために道徳的判断力、心情、実践意欲と態度を育てることが目標とされています。例えば、日常の生活においても「〇〇って何だろう？」「どうしてこうなるのだろう？」というように、問い続ける姿勢が大切だと感じています。学校教育においても教科指導だけでなく、日々の生活においても、主体的に学ぶことができる子どもに育てていくことが求められます。教科の中でも特に道徳科は、子どもたちと一緒に私たち教員も本気で考えることができると考えています。大人と子どもという関係ではありますが、大前提として同じ

1人の人間です。1人の人間として共に本気で考えていきたいのです。

　では、道徳科の授業を通して、幸福を追い求め続けていく、予測困難な時代に適応していくための、キーとなるものは何か。その1つが本書のテーマである「発問」です。子どもたちと共に深く、そして本気で迷うことができる「発問」が大切になってきます。

3　発問でつなぐ道徳科授業

　光村図書出版の3年生の教科書に、「『わたしらしさ』をのばすために」という内容項目A「個性の伸長」の教材があります。元レスリング選手の吉田沙保里さんや宇宙飛行士の若田光一さんが書かれた文章を通して、自分らしさを見つけ、自己を高めていこうとする実践意欲と態度を育てることをねらいとした教材です。

　展開で教材について考えていると、子どもから「好き」「得意」というキーワードが出てきました。「私らしさを伸ばすためには、好きなことや得意なことを増やすといいの？」と問いかけると、「そうそう」と声を出している子やうなずいている子がいました。そこで私は、次のように問いかけました。

「では私らしさを伸ばすためには、好きなことを増やす、得意なことを増やす、どちらの方が大切ですか？」

ここで子どもたちが、本気スイッチをオンにしたように感じました。
「好きなことをどんどんしていくから得意になる」
「好きをもっと増やしたら、いろいろなことができるようになる」
「得意なことが増えたら、好きも増える」
「得意なことだから諦めずに頑張れる」といった多様な意見が出てきました。

「そもそも好きだから得意になるの？　得意だから好きになるの？」

　このように追発問すると、さらに考えていく様子がうかがえました。そして終末に、振り返りを書いた後、班で本日の学びを共有し、ホワイトボードにまとめる活動を行いました。

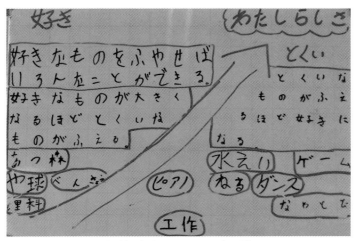

子どもがまとめたホワイトボード①

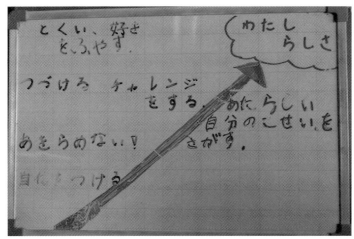

子どもがまとめたホワイトボード②

ここで驚いたことがありました。この活動中に、授業終了のチャイムが鳴ったのですが、多くの子どもが考えることをやめずにホワイトボードに向き合っていました。「休み時間だよ」と声をかけても、学び続けていました。そして、次の時間になり、もう少し考えさせてほしいという提案があったため、私はもちろん許可し、子どもたちは班でまとめる活動を続けました。言うまでもなく、タイムマネジメントという点では、私の時間配分ミスです。しかし、主体的に学ぶという点において、子どもたちはすばらしいですよね。

　子どもたちは、どうしてここまで真剣に考え続けたのでしょうか。当時のクラスを振り返ってみました。そこで思い浮かんだのは、プロジェクト活動でした。プロジェクト活動とは、係活動や当番活動以外に行っている、自主的な活動です。活動のテーマは「このクラス、この学校をよりよくするために」です。プロジェクトに必ず所属しないといけないわけではありませんが、１学期の後半には、クラス全員がプロジェクトに所属していました。１人で複数のプロジェクトに所属していた子どももいました。

　例えば、給食の後、ストローの袋がたくさん落ちていることに気付いた子が、「ストローの袋回収プロジェクト」を立ち上げました。「いただきます」の挨拶をした後、クラス全員分のストローの袋を回収します。その後は、教室にストローの袋が落ちていることはありませんでした。別の子は、クラスのみんなを楽しませようと「ゲーム紹介プロジェクト」を立ち上げました。Googleスライドを活用して、人気のあるゲームを紹介したりクイズを出したりしていました。

　きっと、子どもたちの学びに向かう意欲と今回の道徳科の授業の発問が、絶妙にマッチしたことが、子どもたちをここまで真剣にさせたのだろうと私は考えています。発問のもつ力のすごさを感じた瞬間でもありました。

4 そもそも発問とは？

ところで読者の皆様、そもそも「発問」って何ですか？

　授業づくりや学習指導案などでも、発問という言葉で表現することがありますよね。授業中も、子どもたちに発問をしますよね。1日を通して、「今日は発問をしなかったなぁ」という日は、おそらくないと答える方が大半ではないでしょうか。発問のつくり方を記す前に、そもそも発問とは何か、書籍を参考にしながら、記すことにします。

> 　「発問とは、授業の狙いを達成するために、教師が生徒に向かって投げかける問いかけや課題を指します。（中略）学校教育における発問というのは、基本的には『答え（知識としての正解や、考えを深めるべきこと）を知っている教師』が、『答えを知らない生徒』に対して、投げかける問いの工夫によって考えさせ、答えに到達させるための手段を想定しています」
> 安斎・塩瀬（2020）『問いのデザイン　創造的対話のファシリテーション』
> 学芸出版社p.43より（下線部は筆者）

　安斎・塩瀬は、発問をこのように定義しています。ここで疑問が浮かびました。それは、下線部「答えを知っている教師」が、「答えを知らない生徒」に対してという一文についてです。

　例えば、2年生算数科「たし算のしかたを考えよう」（東京書籍）の第1時では、「2位数の加法計算の仕方を考えることを通して、加法の筆算の仕方を理解すること」が目標として挙げられています。1年生で学習したことを基に、ブロック操作や式などを用いて数の仕組みに着目し、筆算を使った計算の仕方について学びます。ここでは、「どうすれば筆算を使って計算することができるのかな？」「どうして、このような計算になるのか、説明できる人はいますか？」などの発問が考えられます。当然、教師は答えを知っていますよね。

一方、道徳科ではどうでしょうか。「親切にすると、どんなよいことがあるの？」「分かっているのに、親切にすることが難しいのはどんなとき？」という発問をしたとします。教師は絶対的な答えを知っているのでしょうか。もし、自分の考えを「これが正しいんだ」と思っているのであれば、道徳科の授業が価値観の押し付けになる危険性があります。また、子どもたちは答えを知らないのでしょうか。私は、知らないのではなく、考え中であったり、「○○とも考えられるけど、△△とも考えられるなぁ」というように迷っている最中だったりするのではないかと考えています。

　ということは、**他教科の「発問」と道徳科の「発問」では意味が異なる**ということが想定されます。それは、道徳科が到達目標ではなく、方向目標であるという性質にも関連しているでしょう。

5 発問と質問

発問と似た言葉に「質問」があります。

> 「質問は『情報を適切に引きだすための手段』として位置づいています。（中略）多くの場合は『知らない人』が、『知っている人』に対して情報を引きだす手段を想定しているのが特徴です」
> 安斎・塩瀬（2020）『問いのデザイン　創造的対話のファシリテーション』P.42-43より

　授業ですから、本時のねらいがあります。ねらいに迫るために、発問をします。その反面、授業中に子どもたちへ質問をすることもあります。

　2年生の内容項目Ｂ「親切、思いやり」の教材で、飛び込み授業をさせてもらったときのことです。「親切って思いやりの連続だよ」と言った子どもがいました。私はその瞬間、どういうことだろうと疑問に思いました。その子の考えが分からなかったのです。そこで「思いやりの連続ってどういうこと？」と聞きまし

た。これは、答えを知らない私（その子の考えが分からなかった私）が、答えを知っている子どもに「質問」をしたということになります。

　「今日の授業は、このページまでは進みたい」「クラスの全員が、筆算の計算の仕方をマスターしてほしい」など、このような思いをもたれている方もいらっしゃると思います。もちろんその思いは大切です。しかし、特に道徳科においては、子どもの考えが分からなければ、純粋な気持ちで聞いてみるということも大切です。むしろ聞くことによって、教材の中心的な場面や道徳的価値についてのキーワードが表出し、深い学びに誘う可能性が高まるでしょう。

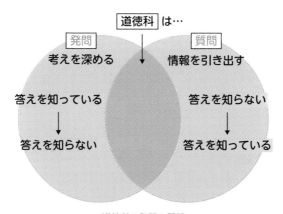

道徳科の発問と質問

　発問と質問の違いについて、上図のようにまとめてみました。図から分かるように、道徳科の発問には、発問と質問のどちらの要素も含んでいるように考えられるのではないでしょうか。問い返し「発問」ではなく、問い返し「質問」のときもあるかもしれませんね。実際、私が「思いやりの連続ってどういうこと？」と問うたのは、問い返し「質問」になるでしょう。

　この後は便宜上、「問い返し発問」と記すこととしますが、質問の要素も含んでいることを念頭に置きながら、読み進めていただければと思います。

▶ 次章に向けて

　ここまで、学習指導要領解説や文献から、道徳科について、また発問について記してきました。第1章の内容を基に、次章以降も読み進めていただけると幸いです。第2章は道徳科の発問について、第3章は14の定番教材を分析しました。さぁ、本書のテーマである「発問」について共に学んでいきましょう。

第 2 章

道徳授業をつくる
5つの「発問」

5つの発問とは？

　それでは、本書のテーマである発問について記していきましょう。私は、授業をつくるときや授業中、以下の5つの発問を意識しています。

❶ 直球発問
❷ 問い返し発問
❸ 教材理解を促す発問
❹ 中心発問
❺ 教材を自分事として捉え、道徳的価値に迫る発問

　「問い返し発問と中心発問は分かる。それ以外の発問は何だ？」と思われた方もいらっしゃるのではないでしょうか。そのように思われるのは当然です。なぜなら、私が考えた造語だからです。当然、学習指導要領解説には載っていません。ですが、発問の内容を聞くと、「なるほど。それなら普段の授業でもその発問はしているぞ」と分かっていただけるかと思います。

❶直球発問

使う場面　主に導入

ポイント　導入から本時のねらいに、ググッと迫る

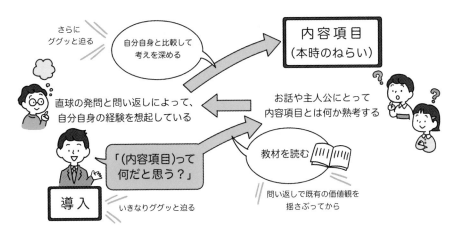

▶ 直球発問とは

　直球発問とは、授業の最初に問う発問です。授業の最初の発問は、**内容項目を直球で問う**というスタイルをとっています。そうすることにより、導入から本時のねらいに、短時間でググッと迫ることができます。

○事例1

　4年生の内容項目A「個性の伸長」の授業でのことです。「個性って何だと思う？」という直球発問から、「個性は、よいところと悪いところ」という意見が出てきました。その後、「よいところって、例えばどんなところ？」とクラス全体で考えていたときです。ある子が「先生、よいところも悪いところもあるから人間なんだよ。どっちかしかない人間なんていないと思う」と発言しました。「確かに」とうなずく子どもがたくさんいました。

　「そうか。人間には、よいところも悪いところもあるんだね。それぞれをどうしていったらいいの？」と問い返すと、「よいところは、もっと伸ばす」「よいと

ころをどんどん活用する」「悪いところは、直していく」「そうだけどさ、そんな簡単に直せないよ」「簡単に直せるなら、誰も苦労しない」と話が広がっていきました。

○事例2

　6年生の内容項目A「善悪の判断、自律、自由と責任」の授業（この教材は、自由が中心的な価値として扱われていました）では、「自由って何だと思う？」という直球発問から授業を始めました。

　自由に対する考えがクラスで共有され始めたとき、「先生、休み時間って自由だけど自由じゃないよ」という意見が出てきました。自由だけど自由じゃないってどういうことだろう、と思った私は、「それってどういうこと？」と問い返しました（第1章で記した「問い返し質問」です）。「だって、休み時間って何をして遊んでもいいけど、家に帰ってゲームをしたらだめだよね。だから自由だけど自由じゃないんだよ」。クラスから共感の声があがりました。

▶ 直球発問のポイント

　事例1・事例2どちらの授業も、導入から「個性」「自由」について直球で問うため、ねらいにググッと迫る意見が子どもから出てきました。その後は、「今回のお話では、個性についてどんなことが書かれているのかな？」「実はね、みんなから出てきた意見と似ていることがお話にも書かれているんだ」というように、教材の範読につなげると、子どもの考えから道徳科の授業がつくられていきます。

　今回例に挙げた2つの授業は、「個性って何だと思う？」「自由って何だと思う？」と内容項目に記されている言葉をそのまま活用しました。ただし、毎回そのように発問するわけではありません。例えば、内容項目D「生命の尊さ」では、本時のねらいから「命を大切にするって何だと思う？」「命がつながるって何だと思う？」「かけがえのない命って何だと思う？」というように使い分けます。

　また、1年間で同じ内容項目を2回以上取り上げるときは、1回目の授業の導入の発問を踏まえ、2回目の授業の発問を考えます（無理矢理に発問を変えているのではなく、本時のねらいが異なるため、発問が変わるのは必然です）。

❷問い返し発問

使う場面　授業全般
ポイント　LIVE感を大切にし、思考を深める

LIVE 感を大切に！

▶ 問い返し発問とは

　問い返し発問とは、**子どもたちの考えに対し、教師が即興的に問いかける発問**です。子どもの考えに焦点を合わせ、考えを広げたり深めたりすることができます。先ほど、直球発問の事例にも記した通り、問い返し発問をすることにより、多様な意見が出てきます。

○事例

　４年生の内容項目Ｃ「規則の尊重」の授業では、導入できまりについて考えました。子どもから「きまりって、ありすぎるとしんどいよね」という考えが出てきました。そこで、「どうしてしんどいと思うの？」と問い返しました。

　「だって、守らないといけないもん」「でもさ、きまりがあるからけんかになることが少ないんじゃない？」「確かに」「でも、やっぱりありすぎるのはしんどいよ」と子ども同士で話が進んでいきました。その後、「みんなはきまりがあった方がいいと思う？　それともない方がいいと思う？」と授業を進めていきました。

▶ 問い返し発問のポイント

　問い返し発問は、導入だけでなく、展開や終末でも大切になってきます。子どもたちの発言に対して、「えっと、ちょっと待ってね……。そうだ、ということは〇〇ということ？」という間があると、授業のリズムが悪くなります。私は、そのようにならないようにLIVE感が大切だと考えています。

▶ 問い返し発問力の鍛え方

　問い返し発問力を鍛える方法として、以下の3つを前著に記しました。

❶ 授業前に内容項目をウェビングマップで考えておく
❷ イメージトレーニングをする
❸ 子どもたちの振り返りに問い返しコメントを書く

　問い返し発問によって、授業の流れが大きく変わります。

　発言した子どもに問い返し発問をするのか、クラス全体に問い返し発問をするのか、その場面によって異なるでしょう。問い返し発問が苦手と感じる方は、「どうして？（why）」を意識すると、子どもたちから多様な考えが出てきますよ。例えば、「どうして、きまりがあるのだろう？」など、とにかくLIVE感を大切にします！

❸教材理解を促す発問

〔使う場面〕　主に展開前段
〔ポイント〕　素直に思ったことを発問する

教材研究中

- 話を聞いてどんなことを思った？
- この涙はどんな涙かな？
- こんなことすごすぎてできないよ
- どうしてこんなことができたのかな？

素直に思ったことを発問！

▶ 教材理解を促す発問とは

　教材理解を促す発問とは、教材を読み、後述の「中心発問」や「教材を自分事として捉え、道徳的価値に迫る発問」に向かうための発問です。「教材理解を促す発問」と「教材を自分事として捉え、道徳的価値に迫る発問」は、2つに分けていますが、必ずしも別物というわけではありません。「教材理解を促す発問」がクラス全体での対話を通して、「教材を自分事として捉え、道徳的価値に迫る発問」に発展することもあります。

　この発問は、文字だけを見ると難しそうに見えるかもしれません。「よし発問を考えよう！」ではなく、内容項目や教材を確認して**自分が素直に思ったことを発問にする**ことがポイントです。

○事例1

　1年生の定番教材である「二わのことり」（光村図書出版）の内容項目B「友情、信頼」で考えてみましょう。このお話は、「みそさざい」「やまがら」「うぐ

いす」の3羽の小鳥が登場します。やまがらの家では誕生日のお祝い、うぐいすの家では音楽会の練習があります。みんな、うぐいすの家に行きました。みそさざいはどちらに行くか迷いましたが、うぐいすの家に行きました。しかし、うぐいすの家にいても楽しくなかったみそさざいは、やまがらの家へ行きます。やまがらは、うれしそうな表情をし、涙をうかべていました。

　「どうして、みそさざいは最初うぐいすの家に行ったの？」と発問することができます。「そうか、音楽会の練習だもんね。きっと楽しいよね」と子どもの発言に共感した後、「でも、その後どこに行ったの？　そうだね。やまがらの家に行ったよね。どうして、やまがらの家に行ったの？」と教材の場面を押さえつつ、本時のねらいへ迫っていきます。

〇「二わのことり」での教材理解を促す発問例
※授業で全ての発問をするわけではありません。また授業のねらいや展開の流れ
　によって、中心発問となる場合もあります。

・みそさざいは、どうしましたか。
・どうして、みんなうぐいすの家に行ったのでしょう。
・どちらの家に行こうかと迷っているとき、みそさざいはどんな気持ちだったでしょう。
・うぐいすの家にいるとき、みそさざいが楽しくなかったのは、どうしてでしょう。

・やっぱり、やまがらの家に行くと決めたのは、どうしてでしょう。

・やまがらの涙を見て、みそさざいはどんな気持ちになったでしょう。

○事例2

　もう1つのポイントは、範読後にする発問です。道徳科の研修に参加したときに、この発問をしている方がいて、私もまねさせていただいています。それは、「お話を聞いて、どんなことを思いましたか？」という発問です。

　自分の思いをワークシートなどに書く、ペアや班で交流する、クラス全体に問うなど、クラスや学年の実態に応じてアレンジすることができます。この発問をすると、子どもが印象に残った場面が分かります。また、子どもたちから問いが生まれることがあります。範読後、1場面ずつの内容を確認する時間が短縮され、じっくりと考えたい発問に時間をかけることができるところもよい点だと感じています。

　ある教材で、「お話を聞いて、どんなことを思いましたか？」と発問すると、「○○（主人公）はすごすぎる」「分かる。すごすぎるよね」という意見が出てきました。その意見にうなずいている子もたくさんいたので「何がすごいの？」と問い返しました。すると、「だって、△△（登場人物）を守ったから」「そうそう。そんなの簡単にできないよ」と話が進んでいきました。

　「ということは、○○（主人公）は、△△（登場人物）を守ったんだね」と問い返すと、「△△（登場人物）の笑顔も守ったよ」「村のみんなも守ったよ」「自分の大事にしている心も守ったよ」……と、どんどん話が広がりました。ここまでくると、「どうしてそう思ったの？」「今の意見、みんなはどう思う？」というように問い返すことで、子どもたちの考えからつくる道徳科の授業が展開されます。

❹中心発問

中心発問は１つに決めない！

▶中心発問とは

授業をつくるとき、どこからつくりますか？　私は、中心発問からつくります。中心発問とは、本時のねらいに迫るための発問です。

> 「発問を構成する場合には、授業のねらいに深く関わる中心的な発問をまず考え、次にそれを生かすためにその前後の発問を考え、全体を一体的に捉えるようにするという手順が有効な場合が多い。」
>
> 『小学校学習指導要領（平成29年告示）解説　特別の教科道徳編』p.84-85より

学習指導要領解説には、このように記されています（中心発問から考えないといけないわけではありません）。中心発問から考えると、「この中心発問をするために、教材理解を促す発問ではこの発問、導入ではこの直球発問をしよう」と逆算しながら考えやすいのでおすすめです。

次に、ねらいに迫るための中心発問をつくるときのポイントです。内容項目の

理解や発達の段階を考慮することを大前提として、ポイントは２つです。

▶ ①Before→Afterで考える

　１つ目は、教材をBeforeとAfterで考えるということです。全ての教材ではありませんが、多くの教材で活用することができます。

> 　○○だった主人公が（Before）、△△（登場人物の言動など）を通して□□に変わった、または自分の言動を考え始めた（After）。

　まずは、このように教材を分析します。そして、主人公が変容した場面に着目します。「このとき、主人公はどんなことを考えていたでしょう」「何が主人公を変えたのでしょう」というように考えていきます。

▶ ②中心発問を決めない

　中心発問を決めないというのは、考えないという意味ではありません。正確には、中心発問を１つに決めないということです。本時のねらいに深く関わる中心発問ですから、吟味する必要があります。しかし、授業前に（教材研究のときに）中心発問はこれにすると決めてもよいのでしょうか。

　仮に、中心発問まで教師が予想していなかった授業展開になったとします。もし、中心発問を１つに決めていたら、子どもたちの考えと中心発問が結び付きません。そうなると子どもたちは「先生は、どんな答えを言ってほしいのだろう」「○○と言えば、先生は喜ぶのかな」という道徳科になる危険性もあります。

　では、中心発問をどのように考えるのか。複数の授業展開を予想し、それぞれ中心発問を考えておきます。前述の「教材理解を促す発問」、そして後述の「教材を自分事として捉え、道徳的価値に迫る発問」で発問例をたくさん記しているのは、そのためです（第３章で展開案を２つ記しているのもこのような意図です）。できるだけたくさんの発問を用意することで、授業展開によって発問を変えることができます。

　また、そのような授業スタイルをとると、自分には思いつかなかったけれど、

子どもが考えた問いを中心発問にすることもできるでしょう。教材研究のときに考えた発問を使わないこともあります。せっかく考えたのだから発問として使いたいという気持ちもありますが、それを捨てる勇気も大切です。

❺教材を自分事として捉え、道徳的価値に迫る発問

（使う場面） 主に展開後段

（ポイント） 教材の特性に合わせて、複数の発問を用意する

教材の特性に合わせて

もっとこうすればよかったと思うことはあった？

どういう人のことを友達というのかな？

友達がいてよかったことは？

友達と親友は何が違うの？

▶ 教材を自分事として捉え、道徳的価値に迫る発問とは

　教材を自分事として捉え、道徳的価値に迫る発問とは、**教材を通して考えたことを自己の生活に生かすことをねらいとした発問**です。中心発問に関して考えた後、教材を自分事として捉え、道徳的価値に迫る発問を考えていきます。この発問も難しく考えすぎず、自分が素直に思ったことを発問にすることがポイントです。

　各内容項目の「教材を自分事として捉え、道徳的価値に迫る発問」に関しては、前著『内容項目から始めよう　直球で問いかける小学校道徳科授業づくり』第2章の「本気で迷う発問例」をご覧ください。

展開後段では「価値の一般化」が大切になってきます。

> 「子どもたちが資料（<u>教科化された現在は教材である。以下、資料という記述を教材と記すことは省略する</u>）を通して把握した価値を、現在および将来にわたる自己の生活（行動、行為）に生かすための価値として自覚するように、指導者が意図的に行う配慮が、価値の一般化の工夫である」
>
> 青木孝頼（1995）『道徳授業の基本構想』文溪堂p.82-83より（下線部は筆者）

「価値の一般化」という理論を最初に提唱したとされる青木孝頼は、このように記しています。道徳科の授業から「価値の一般化」という考えが抜けると、教材の読解で終わってしまう可能性があります。道徳科の目標である、道徳的諸価値についての理解を基に、自己を見つめ、物事を多面的・多角的に考え、自己の生き方についての考えを深めるためには、「価値の一般化」が必須です。

では、中心発問から展開後段へ、どのように授業を進めていくのか。私自身、今よりも経験が浅いころ、難しいと感じていました。そのことについても、青木孝頼が記しています。

> 「展開後段への入り方が難しいという声を度々聞かされた。『入り方』という言葉は多少適切ではないように思うが、展開前段を終えて後段へ移るときの『移り方』のことであろう。なぜ難しいと思うのかと質問してみると、授業後の研究会で、『子どもの意識の流れが中断された入り方であった。』と批判され、『何とか子どもの意識を資料から生活へなめらかに継続させようと思うが、その移り方がわからない。』（中略）いつまでも資料の中の特定の条件にとらわれている限り、子どもたちには価値の一般化が図れないと思われる。したがって、展開後段への入り方は決して難しいものではなく、展開前段が終わったときに資料を片付けさせ（読物資料であれば机の中にしまわせるなど）、『今度は、日ごろの自分たちのことを考えてみよう。』などといいながら、価値の一般化を図る発問に移ればよいのである」
>
> 青木孝頼（1995）『道徳授業の基本構想』文溪堂p.94-95より

以上より、私たち教員が意図的に「価値の一般化」を図る工夫をする必要があることが分かります。

○「二わのことり」での教材を自分事として捉え、道徳的価値に迫る発問例
　※授業で全ての発問をするわけではありません。

・友達のことを考えて行動したとき、どんな気持ちになりましたか。
・友達がいてよかったと思ったことはありますか。
・友達と一緒にいたとき、こうすればよかったなと思うことはありますか。
・どういう人のことを友達と言いますか。
・友達と親友の違いは何ですか。

5つの発問一覧表

	発問の効果	発問のつくり方	発問例
❶直球発問	導入から、本時のねらいにググッと迫る。	「(本時の内容項目)って何だと思う?」という型を活用する。	「親切にするって何だと思う?」
❷問い返し発問	子どもたちの考えを揺さぶる。引き出す。思考を深める。	どうして?(why)を意識する。子どもの考えに質問する。	「どうして親切にした方がいいのでしょう?」「それって本当に親切なの?」「親切かどうか確かめる方法はありますか?」
❸教材理解を促す発問	中心発問や教材を自分事として捉え、道徳的価値に迫る発問を深めるための基になる。	自分が素直に思ったことを発問にする。導入時に子どもから出てきたキーワードと結び付ける。	「お話を聞いて、どんなことを思いましたか?」「お話に出てきた〇〇は親切ですか?」「どこが親切だと思いましたか?」
❹中心発問	本時のねらいに迫る。	Before→Afterで考える。中心発問を1つに決めない。	「〇〇は、どうして親切にできたのでしょう?」「〇〇を親切な人に変えたのは、何(誰)でしょう?」
❺教材を自分事として捉え、道徳的価値に迫る発問	教材の中の特殊な場面からはなれ、自己の生活に生かす。	自分が素直に思ったことを発問にする。学習指導要領解説を読み、キーワードを問う。	「分かっているのに、親切にできないことがあるのはどうしてでしょう?」「親切にするのは、簡単ですか? 難しいですか?」

実践編

1・2ページ目

― 学年 ―
1年

― 教材名 ―
「かぼちゃのつる」

(出典：光村図書出版)

● 主題 　したいことがあるときは

内容項目

主として自分自身に関すること
A節度、節制

第1学年及び第2学年	第3学年及び第4学年	第5学年及び第6学年
健康や安全に気を付け、物や金銭を大切にし、身の回りを整え、わがままをしないで、規則正しい生活をすること。	自分でできることは自分でやり、安全に気を付け、よく考えて行動し、節度のある生活をすること。	安全に気を付けることや、生活習慣の大切さについて理解し、自分の生活を見直し、節度を守り節制に心掛けること。

内容項目について

　1、2年生の「節度、節制」には、たくさんの道徳的価値が含まれています。「健康や安全に気を付ける」「物や金銭を大切にする」「身の回りを整える」「わがままをしない」「規則正しい生活をする」の5つに分けることができます。1つの教材で全てを網羅することは難しいため、2年間を通して計画しましょう。

　本時の授業はどの価値を扱えばよいか、もちろん教材文を読んだり、指導書を見たりすることで判断することもできますが、主題を見れば一目瞭然です。本教材がどの価値を重点的に扱うのか、見極めてから授業を行いましょう。

指導のポイント

　基本的生活習慣に関わる道徳的価値が多く含まれている内容項目です。そのため、普段行っている生活指導を道徳科の授業で扱ってしまう可能性があります。「机の中の整理整頓をしましょう」「健康に過ごすために、夜は早く寝ましょう」という指導はもちろん大切です。しかし、道徳科の授業で教師からそのような指導をするのではなく、子どもたちが今の自分を客観的に見つめることが大切です。例えば「主人公の○○のようにみんなは△△をできているかな？」と発問すると、自分の生活を見直し、どのように改善すればよいか考えることができるでしょう。

042

【左側の注釈】

本書では、出典に記載の令和6年度版の教科書の「主題」を掲載。

該当の学年だけでなく、6年間を見通せるように、全学年の内容項目を掲載。

本教材における内容項目について、押さえたいポイントを解説。

発達の段階や子どもの実態にも関わる指導の留意点について解説。

第3章実践編では、14の定番教材について、5つの発問を用いた授業づくりを提案しています。各教材6ページ構成で、「内容項目」「指導」「教材分析」「授業の実際」など、項目ごとにまとめています。

教材について理解を深める

教材分析に便利な「あらすじ」「教材活用のポイント」について解説。

▶ あらすじ

かぼちゃのつるが、畑の外へとぐんぐんと伸びていきます。「そっちへ伸びてはだめですよ。そこは、みんなが通る道ですよ」とみつばちに声をかけられます。しかし、かぼちゃは「そんなことかまうものか」と言って、聞く耳をもちません。その後、ちょうちょやすいか、小犬に「つるを伸ばしたらいけないよ」と助言されても聞こうとしません。そして、とうとう道を走っていたトラックにつるを踏まれ、つるが切れてしまいます。かぼちゃは「いたいよう、いたいよう」とぽろぽろと涙をこぼして泣きました。

▶ 教材活用のポイント

今回の教材の主題は「したいことがあるときは」です。5つに分けた道徳的価値の中の「わがまま」を中心に考えていくことをおすすめします。かぼちゃは、何度も注意を受けますが、改善しようとはしません。そして、とうとうつるを切られてしまい、涙を流します。この涙はどういう涙なのでしょうか？　痛かったからという理由もあると思いますが、それ以外にも理由があるのではないでしょうか？　道徳科の教材で度々見る「涙」について考えていくと、教材には描かれていない、主人公の考え方や価値観が子どもたちから出てきますよ。

▶ 教材をBefore→Afterで分析する

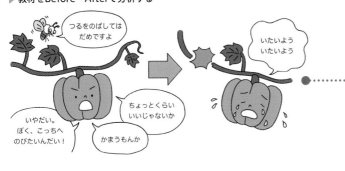

イラスト図解で分かりやすく、教材をBefore→Afterで分析。

1年「かぼちゃのつる」　043

3 ～ 6 ページ目には、「授業の実際」として、具体的な授業づくりの展開例を提案しています。5 つの発問でどのように授業を組み立てていくのか、具体的な発問例と子どもの発言（つぶやき）例に沿って提案しています。

3・4ページ目

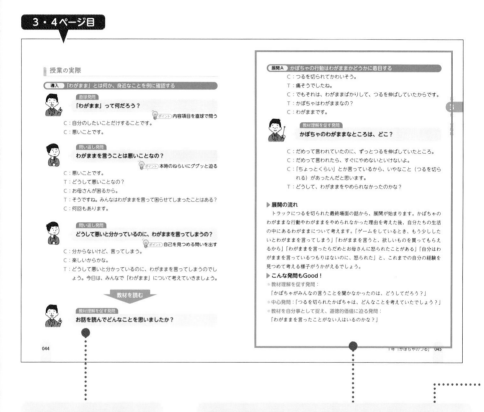

導入での「直球発問」など、教材を読むまでに本時のねらいにググッと迫ることができる発問例を豊富に提案。

予想できない子どもの発言やつぶやきに対応するために、授業展開例を「A」「B」2つ用意。
それぞれ違う点に着目する展開例として、教師の発問と子どもの発言やつぶやきを具体的にイメージすることができる。

展開A・Bそれぞれの概要を「展開の流れ」として解説。
実際の授業で出た子どもの考えや予想される反応などを参考に。

著者本人が授業を通して感じたこと、気付きなどを振り返る。これからの授業づくりの参考に。

5・6ページ目

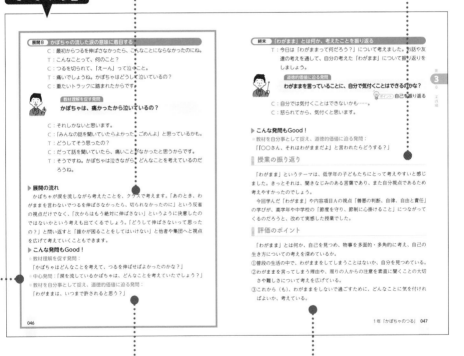

展開B　かぼちゃの流した涙の意味に着目する

T：最初からつるを伸ばさなかったら、こんなことにならなかったのにね。
C：こんなことって、何のこと？
C：つるを切られて、「えーん」って泣くこと。
T：痛いでしょうね。かぼちゃはどうして泣いているの？
C：重たいトラックに踏まれたからです。

教材理解を促す発問
かぼちゃは、痛かったから泣いているの？

C：それしかないと思います。
C：「みんなの話を聞いていたらよかった。ごめんよ」と思っているかも。
T：どうしてそう思ったの？
C：だって話を聞いていたら、痛いことも出てこなかったと思うからです。
T：そうですね。かぼちゃは泣きながら、どんなことを考えているのだろうね。

▶**展開の流れ**
かぼちゃが涙を流しながら考えたことを、クラスで考えます。「あのとき、わがままを言わないでつるを伸ばさなかったら、切られなかったのに」という反省の視点だけでなく、「次からはもう絶対に伸ばさない」というように決意したのではないかという考えも出てくるでしょう。「どうして伸ばさないって思ったの？」と問い返すと「誰かが困ることをしてはいけない」と他者や集団へと視点を広げていくこともできます。

▶**こんな発問もGood！**
※教材理解を促す発問：
「かぼちゃはどんなことを考えて、つるを伸ばせばよかったのかな？」
「涙を流しているかぼちゃは、どんなことを考えていたのでしょう？」
※教材を自分事として捉え、道徳的価値に迫る発問：
「わがままは、いつまで許されると思う？」

046

終末　「わがまま」とは何か、考えたことを振り返る

T：今日は「わがままって何だろう？」について考えました。お話や友達の考えを通して、自分の考えた「わがまま」について振り返りをしましょう。

道徳的価値に迫る発問
わがままを言っていることに、自分で気付くことはできるのかな？
ポイント　自己を振り返る

C：自分では気付くことはできないかも……。
C：怒られてから、気付くと思います。

▶**こんな発問もGood！**
※教材を自分事として捉え、道徳的価値に迫る発問：
「「〇〇さん、それはわがままだよ」と言われたらどうする？」

授業の振り返り

「わがまま」というテーマは、低学年の子どもたちにとって考えやすいと感じました。きっとそれは、聞きなじみのある言葉であり、また自分視点であるため考えやすかったのでしょう。
今回学んだ「わがまま」や内容項目Aの視点「善悪の判断、自律、自由と責任」の学びが、高学年や中学校の「節度を守り、節制に心掛けること」につながってくるのだろうと、改めて実感した授業でした。

評価のポイント

「わがまま」とは何か、自己を見つめ、物事を多面的・多角的に考え、自己の生き方についての考えを深めているか。
①普段の生活の中で、わがままをしてしまうことはないか、自分を見つめている。
②わがままを言ってしまう理由や、周りの人からの注意を素直に聞くことの大切さや難しさについて考えを広げている。
③これから（も）、わがままをしないで過ごすために、どんなことに気を付ければよいか、考えている。

1年「かぼちゃのつる」047

予想していなかった展開にも対応するために、いざというときに活用できる発問例を複数提案。

該当の内容項目における評価のポイントについて解説。

― 教材名 ―

「かぼちゃのつる」

（出典：光村図書出版）

主題 したいことがあるときは

内容項目

主として自分自身に関すること
A節度、節制

第1学年及び第2学年	第3学年及び第4学年	第5学年及び第6学年
健康や安全に気を付け、**物や金銭**を大切にし、**身の回り**を整え、**わがまま**をしないで、**規則正しい生活**をすること。	**自分でできること**は自分でやり、**安全**に気を付け、**よく考えて行動**し、**節度のある生活**をすること。	**安全**に気を付けることや、**生活習慣の大切さ**について理解し、自分の**生活を見直し**、節度を守り節制に心掛けること。

内容項目について

　1、2年生の「節度、節制」には、たくさんの道徳的価値が含まれています。「健康や安全に気を付ける」「物や金銭を大切にする」「身の回りを整える」「わがままをしない」「規則正しい生活をする」の5つに分けることができます。1つの教材で全てを網羅することは難しいため、2年間を通して計画しましょう。

　本時の授業はどの価値を扱えばよいか、もちろん教材文を読んだり、指導書を見たりすることで判断することもできますが、主題を見れば一目瞭然です。本教材がどの価値を重点的に扱うのか、見極めてから授業を行いましょう。

指導のポイント

　基本的生活習慣に関わる道徳的価値が多く含まれている内容項目です。そのため、普段行っている生活指導を道徳科の授業で扱ってしまう可能性があります。「机の中の整理整頓をしましょう」「健康に過ごすために、夜は早く寝ましょう」という指導はもちろん大切です。しかし、道徳科の授業で教師からそのような指導をするのではなく、子どもたちが今の自分を客観的に見つめることが大切です。例えば「主人公の〇〇のようにみんなは△△をできているかな？」と発問すると、自分の生活を見直し、どのように改善すればよいか考えることができるでしょう。

教材について理解を深める

▶ あらすじ

　かぼちゃのつるが、畑の外へとぐんぐんと伸びていきます。「そっちへ伸びてはだめですよ。そこは、みんなが通る道ですよ」とみつばちに声をかけられます。しかし、かぼちゃは「そんなことかまうものか」と言って、聞く耳をもちません。その後、ちょうちょやすいか、小犬に「つるを伸ばしたらいけないよ」と助言されても聞こうとしません。そして、とうとう道を走っていたトラックにつるを踏まれ、つるが切れてしまいます。かぼちゃは「いたいよう、いたいよう」とぽろぽろと涙をこぼして泣きました。

▶ 教材活用のポイント

　今回の教材の主題は「したいことがあるときは」です。5つに分けた道徳的価値の中の「わがまま」を中心に考えていくことをおすすめします。かぼちゃは、何度も注意を受けますが、改善しようとはしません。そして、とうとうつるを切られてしまい、涙を流します。この涙はどういう涙なのでしょうか？　痛かったからという理由もあると思いますが、それ以外にも理由があるのではないでしょうか？　道徳科の教材で度々見る「涙」について考えていくと、教材には描かれていない、主人公の考え方や価値観が子どもたちから出てきますよ。

▶ 教材をBefore→Afterで分析する

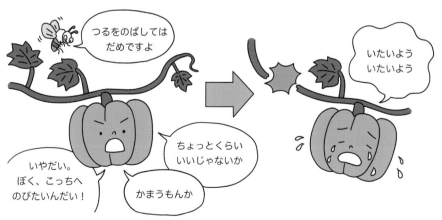

導入 「わがまま」とは何か、身近なことを例に確認する

直球発問

「わがまま」って何だろう？

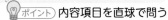 ポイント 内容項目を直球で問う

C：自分のしたいことだけすることです。

C：悪いことです。

問い返し発問

わがままを言うことは悪いことなの？

ポイント 本時のねらいにググッと迫る

C：悪いことです。

T：どうして悪いことなの？

C：お母さんが困るから。

T：そうですね。みんなはわがままを言って困らせてしまったことはある？

C：何回もあります。

問い返し発問

どうして悪いと分かっているのに、わがままを言ってしまうの？

ポイント 自己を見つめる問いを出す

C：分からないけど、言ってしまう。

C：楽しいからかな。

T：どうして悪いと分かっているのに、わがままを言ってしまうのでしょう。今日は、みんなで「わがまま」について考えていきましょう。

教材を読む

教材理解を促す発問

お話を読んでどんなことを思いましたか？

展開A　かぼちゃの行動はわがままかどうかに着目する

C：つるを切られてかわいそう。

T：痛そうでしたね。

C：でもそれは、わがままばかりして、つるを伸ばしていたからです。

T：かぼちゃはわがままなの？

C：わがままです。

教材理解を促す発問

かぼちゃのわがままなところは、どこ？

C：だめって言われていたのに、ずっとつるを伸ばしていたところ。

C：だめって言われたら、すぐにやめないといけないよ。

C：「ちょっとくらい」とか言っているから、いやなこと（つるを切られる）があったんだと思います。

T：どうして、わがままをやめられなかったのかな？

▶ 展開の流れ

　トラックにつるを切られた最終場面の話から、展開が始まります。かぼちゃのわがままな行動やわがままをやめられなかった理由を考えた後、自分たちの生活の中にあるわがままについて考えます。「ゲームをしているとき、もう少ししたいとわがままを言ってしまう」「わがままを言うと、欲しいものを買ってもらえるから」「わがままを言ったらだめとお母さんに怒られたことがある」「自分はわがままを言っているつもりはないのに、怒られた」と、これまでの自分の経験を見つめて考える様子がうかがえるでしょう。

▶ こんな発問もGood！

● 教材理解を促す発問：

　「かぼちゃがみんなの言うことを聞かなかったのは、どうしてだろう？」

● 中心発問：「つるを切られたかぼちゃは、どんなことを考えていたでしょう？」

● 教材を自分事として捉え、道徳的価値に迫る発問：

　「わがままを言ったことがない人はいるのかな？」

展開B かぼちゃの流した涙の意味に着目する

C：最初からつるを伸ばさなかったら、こんなことにならなかったのにね。

T：こんなことって、何のこと？

C：つるを切られて、「えーん」って泣くこと。

T：痛いでしょうね。かぼちゃはどうして泣いているの？

C：重たいトラックに踏まれたからです。

教材理解を促す発問

かぼちゃは、痛かったから泣いているの？

C：それしかないと思います。

C：「みんなの話を聞いていたらよかった、ごめんよ」と思っているかも。

T：どうしてそう思ったの？

C：だって話を聞いていたら、痛いことがなかったと思うからです。

T：そうですね。かぼちゃは泣きながら、どんなことを考えているのだろうね。

▶ 展開の流れ

　かぼちゃが涙を流しながら考えたことを、クラスで考えます。「あのとき、わがままを言わないでつるを伸ばさなかったら、切られなかったのに」という反省の視点だけでなく、「次からはもう絶対に伸ばさない」というように決意したのではないかという考えも出てくるでしょう。「どうして伸ばさないって思ったの？」と問い返すと「誰かが困ることをしてはいけない」と他者や集団へと視点を広げて考えていくこともできます。

▶ こんな発問もGood！

● 教材理解を促す発問：

　「かぼちゃはどんなことを考えて、つるを伸ばせばよかったのかな？」

● 中心発問：「涙を流しているかぼちゃは、どんなことを考えていたでしょう？」

● 教材を自分事として捉え、道徳的価値に迫る発問：

　「わがままは、いつまで許されると思う？」

終末 「わがまま」とは何か、考えたことを振り返る

T：今日は「わがままって何だろう？」について考えました。お話や友達の考えを通して、自分の考えた「わがまま」について振り返りをしましょう。

道徳的価値に迫る発問

わがままを言っていることに、自分で気付くことはできるのかな？

ポイント 自己を振り返る

C：自分では気付くことはできないかも……。

C：怒られてから、気付くと思います。

▶ **こんな発問もGood！**

教材を自分事として捉え、道徳的価値に迫る発問：

「『〇〇さん、それはわがままだよ』と言われたらどうする？」

授業の振り返り

「わがまま」というテーマは、低学年の子どもたちにとって考えやすいと感じました。きっとそれは、聞きなじみのある言葉であり、また自分視点であるため考えやすかったのでしょう。

今回学んだ「わがまま」や内容項目Aの視点「善悪の判断、自律、自由と責任」の学びが、高学年や中学校の「節度を守り、節制に心掛けること」につながってくるのだろうと、改めて実感した授業でした。

評価のポイント

「わがまま」とは何か、自己を見つめ、物事を多面的・多角的に考え、自己の生き方についての考えを深めているか。

①普段の生活の中で、わがままをしてしまうことはないか、自分を見つめている。

②わがままを言ってしまう理由や、周りの人からの注意を素直に聞くことの大切さや難しさについて考えを広げている。

③これから（も）、わがままをしないで過ごすために、どんなことに気を付ければよいか、考えている。

― 教材名 ―
「はしのうえのおおかみ」

（出典：光村図書出版）

主題 しんせつにすると

内容項目

主として人との関わりに関すること
B親切、思いやり

第1学年及び第2学年	第3学年及び第4学年	第5学年及び第6学年
身近にいる人に温かい心で接し、親切にすること。	相手のことを思いやり、進んで親切にすること。	誰に対しても思いやりの心をもち、相手の立場に立って親切にすること。

内容項目について

　相手に対する思いやり（心情）をもち、親切にすること（行動）に関する内容項目です。思いやりとは「相手の気持ちや立場を自分のことに置き換えて推し量り、相手に対してよかれと思う気持ちを相手に向けること」と学習指導要領解説に記されています。しかし、1、2年生の指導の要点を読むと「思いやり」という言葉はありません。その代わりに「温かい心」と書かれています。おそらく、低学年の発達の段階では、相手の気持ちや立場を自分のことと置き換えることが難しいからでしょう。

指導のポイント

　友達や家族など身近にいる人に、温かい心で接することが親切な行動へとつながります。「相手のために親切にするってこんなに気持ちがいいんだ」と実感することができると、進んで親切にしたいという心情が芽生えるでしょう。そんなとき「誰かから、褒めてもらうために親切にする」のではなく、「相手のことを思った行動をありがたいと感じてもらった。その結果、褒めてもらえた。もっともっと親切な行動をしていこう」という意欲が、中学年以降の「親切、思いやり」につながってくるでしょう。

▶ あらすじ

　山の中にある一本橋をうさぎが渡ろうとすると、向こうからおおかみがやってきます。おおかみに怒鳴られたうさぎは、仕方なく後ろに戻ります。「えへん、へん」おおかみはいい気持ちです。別の日、おおかみが橋を渡っていると、自分より大きなくまにぶつかりました。おおかみが後ろに戻ろうとすると、くまがおおかみを抱き上げ、そっと後ろにおろしてくれました。次の日からおおかみは、くまのようにうさぎを抱き上げ、後ろにおろしてあげました。「えへん、へん」おおかみは、前よりずっといい気持ちになりました。

▶ 教材活用のポイント

　教師がおおかみの役、子どもがうさぎの役になり、役割演技をすることで、教材の場面を再現しながら楽しく学習することができるでしょう（クラスの実態に合わせて参考にしてください）。きっと「私もしたい」という思いをもつ子どももいるはずです。しかし、それは「役割演技を通して親切について考えたい」ではなく「先生に抱っこしてもらいたい」という感情の方が強いことが予想されます。役割演技をする・しないにかかわらず、教材を通して考えた後、親切について考えていくことが大切になってきます。

▶ 教材をBefore→Afterで分析する

> 導入　親切とはどんなことか、捉え方を明確にする

直球発問

「親切にする」って何だろう？

💡ポイント　内容項目を直球で問う

C：友達に優しくするということです。

T：（泣いている子どものイラストを提示しながら）

問い返し発問

この子になら、どうすることが親切かな？

💡ポイント　イラストを活用し、具体的な場面を想定する

C：「どうしたの？」って聞きます。

C：頭をポンポンしてあげます。

C：「一緒に遊びに行こう」と言います。

問い返し発問

この中でどれが一番親切ですか？

💡ポイント　順位を付けることで、自分の親切への捉え方を明確にする

C：「どうしたの？」と聞くことかな。

C：先生、全部親切だと思います。

T：一番を選ぶことは、難しいかもしれませんね。では、お話を読んで
親切について考えていきましょう。お話の中で「親切」なところを
見つけることはできるかな？

教材を読む

教材理解を促す発問

お話を読んでどんなことを思いましたか？

展開A おおかみは親切（＝優しい）かどうかに着目する

C：おおかみさんは優しい。

T：え、おおかみさんは優しいの？

C：優しいです。

C：違うよ。優しくなったんだよ。最初はいじわるだったもん。

T：最初はいじわるということは、今はいじわるではないということ？

C：そうです。

教材理解を促す発問

どうしておおかみさんは、いじわるではなくなったの？

ポイント 子どもの発言を汲み取り、気持ちの変化を考える

C：くまさんが教えてくれたからです。

T：何を教えてくれたの？

C：橋の渡り方。

C：こうやって（子どもが立ち上がってくまの動作をまねしながら）教えてくれたんだよ。

▶ **展開の流れ**

　親切とは優しくすることという、導入と似た考えから始まる展開です。そして、どうしておおかみは変わることができたのかを考えます。くまに橋の渡り方を教えてもらったからという教材文の内容が子どもから出てきました。「くまさんに教えてもらったことは、橋の渡り方だけ？　他にもある？」という問い返し発問をすると、すぐに意見は出てこないかもしれませんが、少し時間をかけて考えた後、「優しくすると、いい気持ちになるよ」「親切のやり方を教えてもらった」というように教材からはなれ、親切について考えていく様子がうかがえました。

▶ **こんな発問もGood！**

● 教材理解を促す発問：「このお話に出てきたおおかみはどんな人？」

● 中心発問：

　「くまの後ろ姿を見たおおかみは、どんなことを考えていたでしょう？」

● 教材を自分事として捉え、道徳的価値に迫る発問：

　「友達に親切にすると、どんな気持ちになる？」

　　C：くまが優しくてよかったね。

　　T：どうしてそう思ったの？

　　C：くまが優しく教えてくれたから、おおかみも優しくなったと思う。

　　C：そうだね。くまが、橋の上で押してきたら、おおかみもうさぎを押
　　　　していたかもね。

　　T：そうですね。そうだとすると、おおかみはどうなっていたと思う？

　　C：もっといじわるになってたと思います。

　　C：うさぎが橋から川に落ちて、流されてしまうかも。

　　T：くまが優しくてよかったね。

教材理解を促す発問

くまを見て、おおかみはどんなことを考えたと思う？

　　C：くま、かっこいい。

　　C：ありがとう。

　　C：僕もくまみたいにしたい。

▶ **展開の流れ**

　　くまが優しかったという意見も出るでしょう。くまの視点で親切について考え
ることもできますが、今回はおおかみの視点で考えたかったため、少しずつおお
かみの視点で考えられる発問をしていきます。すると、「悪いおおかみから、い
いおおかみに変身したんだよ」という1年生らしい発想の考えが出てきました。
そこで、くまに出会う前後のおおかみについて考え、比較することで、親切にす
るとはどういうことか考えることができるでしょう。

▶ **こんな発問もGood！**

● 教材理解を促す発問：「どうしておおかみは、前よりいい気持ちになったの？」

● 中心発問：「最初のおおかみと最後のおおかみは何が違う？」

● 教材を自分事として捉え、道徳的価値に迫る発問：

　「親切にすると、何かいいことがあるの？」

終末 「親切にする」とは何か、考えたことを振り返る

T：今日は「親切にするって何だろう？」について考えました。お話や友達の考えを通して、自分の考えた「親切にする」について振り返りをしましょう。

【道徳的価値に迫る発問】

何のために、親切にするの？　自分が褒められるため？

C：違うよ。心がすっきりするから。

C：みんなで仲よくしたいからかな。

▶ **こんな発問もGood！**

●教材を自分事として捉え、道徳的価値に迫る発問：

「親切にするのは簡単なこと？」

授業の振り返り

　子どもたちが楽しそうに、役割演技をしている様子が印象的でした。しかし、役割演技の後、教材からはなれ親切について考えていくのが難しかったです。子どもたちの士気が上がるなか、どのように役割演技を終え、本時の価値にグッと迫るのかが、私の課題だと感じました。「自分のためじゃなくて、友達のために親切にするんだよ」「親切にするためには、友達のことをじっと見ていないといけないんだよ」という考えも出てきた点は、親切について考える授業になったと感じています。

評価のポイント

　「親切にする」とは何か、自己を見つめ、物事を多面的・多角的に考え、自己の生き方についての考えを深めているか。

①自分は、周りの人に温かい心で接することができているか、自分を見つめている。

②親切にすることだけでなく、親切にすることのよさや難しさについて考えている。

③親切に行動するために必要なことを考え、これからも誰かのために親切にしていこうと考えている。

— 教材名 —
「お月さまとコロ」

（出典：光村図書出版）

主題 すなおな心で

内容項目

主として自分自身に関すること
A正直、誠実

第1学年及び第2学年	第3学年及び第4学年	第5学年及び第6学年
うそをついたりごまかしをしたりしないで、素直に伸び伸びと生活すること。	過ちは素直に改め、正直に明るい心で生活すること。	誠実に、明るい心で生活すること。

内容項目について

　「うそをついてはいけない」ということは、子どもたちは知っているでしょう。では、どうしてうそをついてしまうのでしょう？　私たち大人と共通しているところもあるかもしれませんが、誰かから叱られるのを逃れるために、突発的にうそをついてしまうのかもしれません。しかし、そのうそは一時的にその場を乗り切るだけで、何の解決にもなりません。むしろ、うそをつくことによって、後悔するだけでなく、友達からの信頼を失うことにもつながるでしょう。

指導のポイント

　生活していると誤ったことをしてしまうこともあります。そんなとき、自分自身で「だめなこと」と判断した場合は、素直に非を認めることが大切です。そうすることで「素直に伸び伸びと生活すること」ができ、健全な成長にもつながるでしょう。反対に、うそをつき続けることは、相手を傷つけることにつながります。自分も相手も、モヤモヤした気持ちやどんよりした暗い気持ちになるでしょう。

　伸び伸びと生活をしたいか、それとも暗い気持ちで生活をしたいかに関しては、子どもたちに聞くまでもないでしょうね。

教材について理解を深める

▶ あらすじ

　自分の思い通りにならないと、すぐに怒ったり文句を言ったりする、コオロギのコロ。今では、友達はギロだけになってしまいました。「なんだ、そんな歌。おもしろくないよ」この一言で、ついにギロもコロから気持ちが遠ざかっていきました。コロは、謝ろうという思いはあるのですが、なかなか謝る決心がつきません。そんなとき自分の顔を見ると、暗くて悲しそうな顔をしていました。お月様に励ましてもらい元気をもらったコロは、明日ギロに謝ることを決意しました。

▶ 教材活用のポイント

　うそをついたりごまかしたりすることは、無意識のうちに自分自身を暗くさせることにつながります。お話に登場したコロも、自分の気持ちを素直に表現することができなかったため、暗く、そして悲しそうな顔をしていました。「どうしてコロは悲しそうな顔をしているのかな？」「みんなもコロみたいなことがあったことはある？」というように、コロの気持ちに共感したり同じような経験を思い出したりしながら授業を展開することで、自分に素直に生きることが「伸び伸びと生活すること」につながると気が付くことができるでしょう。

▶ 教材をBefore→Afterで分析する

あやまらなくちゃ…

あやまりに行くことができず、
自分がイヤになってくる

お月さまにはげまされ心が晴れ晴れ

あしたはギロくんにあやまろう！

導入 「素直」とは何か、自分の経験を振り返って考える

直球発問

「素直な気持ち」って何だろう？

ポイント 内容項目を直球で問う

T：素直ってどういうこと？

C：自分が思ったことを言うこと。

C：本当のこと。

問い返し発問

素直っていいことなのかな？

ポイント 子どもの考えを聞き、その理由をさらに問い返す

T：いいことだと思う人？（挙手が多かったら）どうしていいことなの？

C：本当に思っていることを言うのはいいことだと思うから。

T：思っていることが言えなかったら、どうなると思う？

C：しんどくなりそう。

問い返し発問

今までに、思っていることが言えなくてしんどくなったことがある人はいる？　言いたくない人は、無理に言わなくてもいいよ。

ポイント 自分自身の生活を振り返る

T：（子どもたちから話を聞いた後）

今日のお話は、コオロギのコロが出てきます。もしかすると、みんなもコロと同じことを思ったことがあるかもしれません。

教材を読む

教材理解を促す発問

お話を読んでどんなことを思いましたか？

展開A コロはなぜ謝ろうと思ったのかに着目する

C：コロがすぐに謝らなかったから、こんなふうになっちゃうんだよ。

C：最初から謝っておけばよかったのに。

T：どうして謝らなかったと思う？

C：謝ろうとしていたよ。でも恥ずかしかったのだと思います。

C：僕だったら、すぐに謝るよ。

C：どうして謝らなかったのかな。分からない。

教材理解を促す発問

この後、コロはどうして謝ろうと思ったのかな？

 ポイント コロの心情の変化を捉える

C：お月様と話したからです。

T：お月様と話して、コロはどんなことを考えたの？

C：元気を出そう。

C：このままじゃだめだ。

C：明日、絶対に謝ろう。

▶ **展開の流れ**

　謝らなかったから、コロは暗く、そして悲しい顔になったという展開になりました。その後、最初のコロとお月様に元気をもらった後のコロは、どのように変わったのか、比較しながら考えます。最後のコロは、「自分の本当の気持ちを伝えようと決めた」「素直に友達と遊ぼう」と考えが変わったという意見が出るでしょう。「どうしてコロは、そんなふうに考えたの？」と問い返すと、「このままではだめだ。僕が変わらないと！」とコロが自分で自己の生き方を考えたという意見に共感する子どもたちの考えも出てくるかもしれません。

▶ **こんな発問もGood！**

● 教材理解を促す発問：「最初のコロと最後のコロ、どっちが素敵？」

● 中心発問：「最初のコロと最後のコロは何が違う？」

● 教材を自分事として捉え、道徳的価値に迫る発問：

　「素直に言えてよかったなと思ったことはある？」

C：コロ、よかったね。

T：何がよかったの？

C：いい子になったことです。

T：コロっていい子なの？

C：いい子じゃないよ。最初は、悪いことをしても謝らなかった。

C：でも悪いことをしたと反省していたよ。

T：人によって考えが違いますね。最後のコロはいい子だと思う？

C：いい子だと思います。

教材理解を促す発問

コロのどんなところがいい子だと思う？

C：ギロにいやなことを言ったことを謝ろうと思ったところ。

C：初めのコロは謝れなかったけれど、謝らないといけないと思っていたよ。

T：じゃあ、最初のコロもいい子ということ？

C：確かに。いい子かもしれない。

C：いや、やっぱりいい子ではないと思うな。

▶ 展開の流れ

　「コロは、いい子かどうか」という話で授業が進む展開です。最初のコロがい
い子かどうかは考えが違っても、最後のコロはいい子という考えが多いはずです。
「コロのようにだめなことをしたときは謝ろうと思うことが大切？」という発問
に「大切だよ」と答えた子が多数いた場合、「コロのように素直に謝ろうとする
と、どんないいことがあると思う？」とさらに問いかけることができます。「友
達がたくさんできる」「毎日楽しくなると思う」などの意見が出るでしょう。

▶ こんな発問もGood！

● 教材理解を促す発問：「コロってどんな子？」

● 中心発問：「どうして、コロはすぐに謝ることができなかったの？」

● 教材を自分事として捉え、道徳的価値に迫る発問：

　「明るい心で生活するには、どんなことが大切でしょう？」

終末　「素直な気持ち」とは何か、考えたことを振り返る

T：今日は「素直な気持ちとは何だろう？」について考えました。お話や友達の考えを通して、自分の考えた「素直な気持ち」について振り返りをしましょう。

道徳的価値に迫る発問

コロのように素直に言えなかったなと思ったことはある？

（ポイント）反省させるのではなく、自己を振り返る

C：友達とけんかしたときに、すぐに謝れなかった。

C：謝れなかったときは、しんどかった。

▶ **こんな発問もGood！**

教材を自分事として捉え、道徳的価値に迫る発問：

「自分の気持ちを素直に言うことは、難しい？」

授業の振り返り

「謝りたいのに、素直に謝ることができないコロ」に自分を重ねながら考えていきました。つまり他人事ではなく、素直に言えた、また言えなかった経験を思い出すことで、よりコロの気持ちを自分事として考えることができるということです。今回のような教材は、登場人物に共感したり、自分の経験から考えたりすることで、本時のねらいに迫ることができ、さらに子どもたちは考えを深めやすくなると改めて実感しました。

評価のポイント

「素直な気持ち」とは何か、自己を見つめ、物事を多面的・多角的に考え、自己の生き方についての考えを深めているか。

①素直になることができなかったこと、また素直になることができたことを振り返っている。

②素直な気持ちでいることのよさについて考えている。

③素直に生活していくために必要なことを考え、自己の生活に生かそうとしている。

― 教材名 ―
「黄色いベンチ」

（出典：光村図書出版）

主題 みんなでつかうものだから

内容項目

主として集団や社会との関わりに関すること
C 規則の尊重

第1学年及び第2学年	第3学年及び第4学年	第5学年及び第6学年
約束やきまりを守り、みんなが使う物を大切にすること。	**約束や社会のきまりの意義**を理解し、それらを守ること。	**法やきまりの意義を理解した上で**進んでそれらを守り、**自他の権利**を大切にし、**義務を果たす**こと。

内容項目について

　約束とは、人と人との間で取り決めるものです。口約束という言葉もありますね。きまりとは、定められている事柄や規則のことです。約束ときまりだけでなく、ルールやマナーなど、子どもたちは同じ意味のように話し始めるかもしれません。しかし、それぞれ意味が異なります。本時の主題や教材文から、どの言葉がふさわしいのか、また、授業中に2つ以上のキーワードが出てきた場合、「約束ときまりって同じなのかな？」というように考えていくことで、より理解が深まるでしょう。

指導のポイント

　導入で身近な約束やきまり（学校での過ごし方など）を取り上げることで、自分たちの生活と結び付けて考えることができるでしょう。そこで「何のために約束（きまり）があるのかな？」と問うと、「けんかにならないようにするため」「みんなが気持ちよく過ごすため」という考えが出てくるでしょう。気を付けたいことは、教材と異なる内容を取り上げることです。図書室を扱った教材であれば、導入で図書室について考えない方がいいでしょう。それは、本時の学習が「図書室でのきまり」という特定の条件に限定してしまう可能性があるからです。

▶ あらすじ

　降り続いた雨があがり、今日はよい天気です。たかしとてつおは、公園へおもちゃの飛行機を飛ばしに行きました。高いところから飛行機を飛ばすために、ベンチの上から飛行機を飛ばすことにしました。2人の靴は昨日の雨の影響でどろどろでしたが、夢中になっていて気が付きません。ぶらんこで休憩していた2人の前に女の子とおばあさんがやってきます。ベンチに座った女の子の服が汚れ、おばあさんは泥を拭いてあげます。その様子を見た2人は「はっ」として顔を見合わせます。

▶ 教材活用のポイント

　この教材では「約束」「きまり」「ルール」「マナー」の4つの中だと、どれを中心に考えていけばよいのでしょうか？「みんなでつかうものだから」という主題から、公共の物を使うときのマナーについて考えていくこともできるでしょう。きまりを窓口に考えていき「靴を履いたままベンチの上に立つことは、いけないこと？」「そういうきまりがあるの？」と発問することで、本時のねらいへと迫っていく方法もあるでしょう。いずれにせよ、「はっ」として顔を見合わせた2人については、考えていきたいですね。

▶ 教材をBefore→Afterで分析する

授業の実際

直球発問

「みんなで使う物」って何だろう？

💡 ポイント 内容項目を直球で問う

C：ほうき。

C：えんぴつ削り機。

問い返し発問

みんなで使う物を使うときに、気を付けていることはある？

💡 ポイント 自分たちの生活について考える

C：僕だけが使うってしないことです。

C：使いたい人が多いときは、じゃんけんをします。

C：壊さないように使うことです。

T：大切なことばかりですね。

問い返し発問

これって全部きまりなのかな？

💡 ポイント 本時のねらいに迫る

C：破ったら怒られるから、きまりかな。

C：きまりではないけど、守らないといけないと思います。

T：考えが分かれましたね。今日は「みんなで使う物」について考えましょう。

教材を読む

教材理解を促す発問

お話を読んでどんなことを思いましたか？

展開A 汚れた靴を履いたままベンチの上に立つ2人の行動に着目する

C：靴のまま、ベンチに立ったらだめだよ。

T：どうしてだめだと思ったの？

C：汚れるからです。

T：そうですね。前の日に雨が降っていなかったらいいのかな？

C：それでもだめです。

C：ベンチは人が座るためのものだから、立ってはだめです。

教材理解を促す発問

2人は、どんなことに気を付ければよかったのかな？

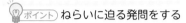

ポイント ねらいに迫る発問をする

C：靴のままベンチの上に立たない。

C：どうしても立ちたいなら、靴を脱げばよかった。

C：誰か困る人がいないか考える。

C：自分たちだけが楽しかったらいいのではない。

▶展開の流れ

　教材を読んで、汚れた靴を履いたままベンチの上に立った、という行動に着目した子どもが多いときの展開です。黒板の掃除をするとき、子どもたちは上靴を脱いでイスの上に立ちます。きっとそのような生活経験からも、ましてや汚れている靴でベンチの上に立つということに問題意識があったのでしょう。その後、給食を例に、「お箸は、口に入れるところを持って配らない」といった、教材の内容とは異なる「みんなが使う物」について考えるとよいでしょう。

▶こんな発問もGood！

● 教材理解を促す発問：「2人のだめだったところは、どこかな？」

● 中心発問：「どうして靴のままベンチの上に立ったのだろう？」

● 教材を自分事として捉え、道徳的価値に迫る発問：

　「靴を履いたまま、ベンチの上に立ってはいけないのは、きまりだから？」

C：先生、「はっ」としたってどういう意味？

T：分からないことを聞くことは大切なことですね。

「はっ」としたというのは、どういう意味か分かる人はいる？

C：何かに気付いたということです。

T：何に気付いたと思う？

C：やばい、怒られる。

T：何と言って怒られるの？

C：あなたたちでしょ、ベンチをどろどろに汚したのは。

教材理解を促す発問

「はっ」としたとき、２人は怒られると考えていたの？

ポイント 表情から２人の心情を読み取る

C：それだったら、走って逃げていると思うよ。

C：僕たちのせいだっていう顔をしているよ。

C：ごめんなさいを言おうとしているのじゃないかな。

▶展開の流れ

　最後の場面に着目して考える展開です。２人が「はっ」としたということは、自分たちの行動はいけないことだと気付いたということです。この流れから「２人は偉いよね」と言う子どもがいるかもしれません。

　「だめなことをしてしまったけれど、次から２人は靴を履いたままベンチの上には立たないと思う」「この後、女の子に謝りに行っていたらもっと偉いけど、謝りに行ったのかな」とお話の続きを考えている子どもたちもいるでしょう。

▶こんな発問もGood！

● 教材理解を促す発問：「２人は、どんなことに気が付いたのかな？」

● 中心発問：「『はっ』とした後、２人はどうするでしょう？」

● 教材を自分事として捉え、道徳的価値に迫る発問：

「どうしてみんなで使う物を大切にしないといけないの？　怒られるから？」

「みんなで使う物」とは何か、考えたことを振り返る

T：今日は「みんなで使う物って何だろう？」について考えました。お話や友達の考えを通して、自分の考えた「みんなで使う物」について振り返りをしましょう。

道徳的価値に迫る発問

みんなで使う物を使うときに、大切なことは何かな？

C：ひとりじめしない。

C：大切に使う。

▶ **こんな発問もGood！**

● 教材を自分事として捉え、道徳的価値に迫る発問：

「みんなで使う場所はどこかな？　そこでも大切なことはある？」

授業の振り返り

　この教材は、具体的な場面が描かれており、子どもたちはイメージしやすいでしょう。しかし、そういう教材こそ、特定の条件の中だけで考えてしまわないように配慮が必要です。今回であれば「ベンチを使うときに気を付けること」に終始してはいけないということです。「土足のまま、ベンチの上に立ってはいけないのは、きまりだから？」「ベンチの他に、気を付けて使わないといけない物はある？」という発問が、特定の条件以外で、考えを広げるきっかけになると感じました。

評価のポイント

　「みんなで使う物」とは何か、自己を見つめ、物事を多面的・多角的に考え、自己の生き方についての考えを深めているか。

①身の回りにある、みんなで使う物を大切に使っているか、自分を見つめている。

②みんなで使う物を使うときには、どんなことに気を付けているのか考えている。

③みんなで使う物を使うときに気を付けることを考え、自分の生活に生かそうとしている。

― 教材名 ―
「まどガラスと魚」

（出典：日本文教出版）

主題 自分に正直に

内容項目

主として自分自身に関すること
A 正直、誠実

第1学年及び第2学年	第3学年及び第4学年	第5学年及び第6学年
うそをついたり **ごまかし**をしたり しないで、 **素直**に**伸び伸び**と 生活すること。	**過ち**は**素直に改め、 正直に明るい心で** 生活すること。	**誠実**に、**明るい心**で 生活すること。

内容項目について

　低学年のときにはなかった、「正直」という言葉がねらいに記されています。他者にうそをついたり、ごまかしをしたりしないことが「正直に明るい心で生活すること」につながります。過ちを犯したときは素直に反省し、「ごめんなさい」と正直に伝えることが大切です。しかし、様々な理由で、正直な言動をとることができない場面もあるかもしれません。分かっていても行動に移すことができない人間の弱さについて考えていくことで、子どもたちからは多様な考えが出てくるでしょう。

指導のポイント

　うそをついたり、ごまかしをしたりすることは、他者を偽ることになります。しかし、偽っているのは他者だけではありません。自分自身のことも偽っているのです。「正直に言えばよかった」「どうしてあのとき……」とモヤモヤしたり後悔したりする要因の1つは、自分自身のことも偽っているからです。正直であるからこそ「明るい心で生活すること」ができるのです。このような点から「正直、誠実」の内容項目が、A「主として自分自身に関すること」に属していることを意識して授業をすることが大切です。

教材について理解を深める

▶ あらすじ

　千一郎（主人公）の投げたボールが、よその家の窓ガラスに当たり割れてしまいます。「謝らないと」と思いながらも、友達の「逃げろ」の声を聞いて、夢中でその場から駆け出してしまいます。次の日も、その次の日も割れた窓ガラスを見て、心の中で「僕が割りました」と思いながらも、なかなか正直に言い出すことができません。そんなとき、近所のお姉さんの行動を見て、このままではいけないと考えた千一郎は、母と一緒に窓ガラスを割ってしまったことを謝りに行きました。

▶ 教材活用のポイント

　「やってしまった」と感じ、思わずうそをついたり逃げ出したりということもあるでしょう。子どもたちは、千一郎と同じ経験をしたことはないかもしれませんが、窓ガラスではなく他の物に置き換えたとき、似た経験をしたことがあるかもしれません。「自分が窓ガラスを割りました」と言わない限り、千一郎の過ちは誰にも知られないはずです。それでも、過ちを素直に認めた千一郎の心の強さについて、また正直に言うことができた千一郎がどんな気持ちになったかを、本教材を通して考えていきたいですね。

▶ 教材をBefore→Afterで分析する

授業の実際

導入 「正直」について確認し、正直であることの善しあしを考える

直球発問

「正直に生きる」って何だろう？

💡ポイント 内容項目を直球で問う

T：「正直」の勉強は2回目ですね（前回の「正直」の学習を振り返る）。
　　もう一度「正直」について考えていきましょう。「正直」って何？

C：素直なことです。

問い返し発問

素直ってどういうこと？

💡ポイント 子どもから出てきた道徳的価値を、クラス全体に問い返す

C：本当のことを言うことです。

C：辞書には、まっすぐでひねくれていないことって書いているよ。

T：なるほど。それが素直ですね。では「正直」に話を戻しましょう。

C：正直っていいことなのかな？

問い返し発問

いいことだと思う人？　悪いことだと思う人？
どちらもあると思う人？　意見が分かれましたね。

💡ポイント 3択で問う

C：中身によるかな。

T：そういえば、この前も似たような話が出てきましたね。
　　今日は「正直に生きる」ことについて考えていきましょう。

▼ **教材を読む**

教材理解を促す発問

お話を読んでどんなことを思いましたか？

展開A 千一郎は正直かどうかについて着目する

C：おじいさんが優しい。

T：確かに優しかったね。千一郎はどうだった？

C：千一郎は正直でした。

教材理解を促す発問

そうなの？ みんなは、千一郎は正直な人だと思う？

ポイント 千一郎に視点を合わせて考える

C：最終的には正直な人だと思います。

T：最終的ということは、最後の千一郎は正直な人？

C：そうです。ちゃんと謝ったから。

T：なるほど。じゃあ、最初の千一郎は正直な人？

C：正直じゃない。謝らないで逃げたから。

C：でも謝ろうとしていたよ。

T：人によって考えが違いますね。

▶ **展開の流れ**

　「千一郎は正直な人？」という問いから展開する授業の流れです。最初の千一郎が正直であるかについては意見が分かれるでしょう。その後、どうして千一郎は正直に窓ガラスを割ったことを言うことができなかったのかについて考えると、怒られることが怖いからという考えが多く出るでしょう。今回はおじいさんが許してくれましたが、もし許してもらえず、厳しく怒られてしまったらと条件を変えて考えてみるのもよいでしょう。それでも、千一郎は正直に言ってよかったと思っているはず、という意見が出てくるかもしれません。

▶ **こんな発問もGood！**

● **教材理解を促す発問**：「千一郎は反省しているの？ 本当に反省しているなら、母に言う前に1人で謝りに行くと思うけど、みんなはどう思う？」

● **中心発問**：「どうして千一郎は正直になることができたの？」

● **教材を自分事として捉え、道徳的価値に迫る発問**：

　「どうして人はうそをついてしまうことがあるの？」

C：千一郎が正直に謝ったから、許してもらえたと思う。

T：千一郎は、偉いと思う？

C：偉いと思います。

C：すぐに謝っていたら、もっと偉い。

T：最初は、逃げてしまったもんね。

教材理解を促す発問

ところで、（挿絵を提示しながら）最後の千一郎はどうして笑っていると思う？

ポイント　正直に言うことができた千一郎について考える

C：ボールを返してもらったから。

C：それもあるけど、違うよ。正直に言えたからだと思う。

T：おじいさんに怒られなかったから？

C：もっと違う理由があるはず。

▶展開の流れ

　この展開では、「どうして千一郎は笑っていると思うのか」という発問に対して、「謝らないといけないモヤモヤが消えたから」「正直に言うことができてよかったから」「心がスッキリしたから」「自分の思っている通りに、正直に言えたから」というように、考えが広がるでしょう。

　まさしく「過ちは素直に改め、正直に明るい心で生活すること」という、この内容項目のねらいに関連した考えです。

▶こんな発問もGood！

● **教材理解を促す発問**：「千一郎は、この数日間どんなことを考えていたと思う？」

● **中心発問**：「最初の千一郎と最後の千一郎は何が違う？」

● **教材を自分事として捉え、道徳的価値に迫る発問**：

　「これまでに、正直に言うことができてよかったことはある？」

終末　「正直に生きる」とは何か、考えたことを振り返る

> T：今日は「正直に生きるって何だろう？」について考えました。お話や友達の考えを通して、自分の考えた「正直に生きる」とは何かについて振り返りをしましょう。

> **道徳的価値に迫る発問**
> ## 正直に言えないときって、どんなとき？
>
> 💡ポイント　自分の経験を振り返る
>
> C：自信がもてないとき。
> C：怒られると思ったとき。

▶ こんな発問もGood！

● 教材を自分事として捉え、道徳的価値に迫る発問：

「うそをつくことは、誰をだましていることになるでしょう？」

授業の振り返り

　今回の教材のお話は、子どもたちにとって共感しやすい内容でしょう。投げたボールが窓ガラスに当たって割れてしまい、その場では謝ることができなかった千一郎が、数日後に正直に謝ることができたこと。まったく同じ経験はないかもしれませんが、自分の経験を思い出しながら「正直」について考え、語っている子どもたちの様子がうかがえるはずです。また、私のクラスで出た「先生、考えてみたけど、どうしてうそをついてしまうかは分からない。勝手に口が動いてしまうときもある」という「正直」な意見が、素直で素敵だなと感じました。

評価のポイント

　「正直に生きる」とは何か、自己を見つめ、物事を多面的・多角的に考え、自己の生き方についての考えを深めているか。

① 自分に正直になることができなかったこと、また正直になることができたことを振り返っている。

② 正直でいることの大切さや難しさに気付くことができている。

③ 正直に明るい心で生活するために、大切なことを考えている。

— 教材名 —
「ヌチヌグスージ　命の祭り」

（出典：光村図書出版）

主題 命のふしぎ

内容項目

主として生命や自然、崇高なものとの関わりに関すること
D生命の尊さ

第1学年及び第2学年	第3学年及び第4学年	第5学年及び第6学年
生きることの すばらしさを知り、 生命を大切にすること。	生命の尊さを知り、 生命あるものを 大切にすること。	生命が多くの生命の つながりの中にある かけがえのないもので あることを理解し、 生命を尊重すること。

内容項目について

　「○○命」。○○にはどんな言葉が入るでしょうか？　「大切な命」「1つしかない命」「ご先祖様からいただいた命」「新たに誕生する命」「いずれは終わる命」「かけがえのない命」など、書き出せばまだまだあるはずです。「生命の尊さ」といっても、命の唯一性や連続性、有限性や神秘性など様々な側面があります。まずは、本時の教材の「生命の尊さ」は、何を主題としているのか、しっかり見極めることが大切になってきます。見極めた上で、本時の授業を考えていきましょう。

指導のポイント

　「命は大切」ということは、子どもたちも知っているでしょう。授業では、どうして大切であるのかを考えていきましょう。「命は、唯一無二のものであるから？」「たくさんの人々に支えられ、今の自分がいるから？」「生き物の死を目の当たりにし、生きていることのすばらしさを知ったから？」など、教材によって、また子どもたちの考え方や生活によっても異なるでしょう。

　いずれにせよ、様々な側面から自分の命だけではなく、命がある全ての生き物を大切にしようとする心情や態度を育てることが求められます。

教材について理解を深める

▶あらすじ

　沖縄県のある島に初めてやって来たコウちゃん。島のおばあちゃんから「ぼうやに命をくれた人はだれねえ？」と尋ねられたことをきっかけに、自分のご先祖様について考えます。「お父さんとお母さんから命をもらった。お父さんとお母さんに命をくれた人、4人。おじいちゃんとおばあちゃんに命をくれた人、8人。僕のご先祖様って千人ぐらい？　百万人ぐらい？」「どうだろうねぇ。ご先祖様がだれ一人かけても、ぼうやは生まれてこなかったということさ」この話を聞いたコウちゃんは、不思議な気持ちがしてきます。コウちゃんは、空に向かってご先祖様に「命をありがとう！」と言いました。

▶教材活用のポイント

　教材の主題は「命のふしぎ」です。今回は、命の連続性について考えていくことが大切になってきます。教材を読むと「ご先祖様について知り、不思議な気持ちがしてきた」「命は目に見えないけど、ずっとずっとつながっている」「ご先祖様、命をありがとう！」など、命の連続性について考えるポイントが多々あります。また、命について考えたことを言葉にすると、薄っぺらい言葉になる可能性もあります。内容項目Dは「崇高なものとの関わり」です。言語化することが難しいということを理解した上で、授業を進めていきましょう。

▶教材をBefore→Afterで分析する

ご先祖様って何人いるの？

どうだろう？

ご先祖様がだれ一人欠けてもぼうやは生まれてこなかった

なんだか不思議な気持ちになってきた

ぼくの命ってすごい！

命をありがとう！

授業の実際

導入 「命」から連想する言葉や主題から考える

直球発問

「命」って何だろう？

ポイント 内容項目を直球で問う

T：「〇〇命」。どんな言葉が入りますか？

C：大切な命。

C：たった１つの命。

C：すばらしい命。

問い返し発問

すばらしい命ってどういうこと？

ポイント 疑問に思ったことを素直に質問する

C：命が生まれるってすごいということを言いたい。

C：お母さんのお腹から出てくるってすごいよね。

T：なるほど。今日は「ヌチヌグスージ　命の祭り」のお話を読みます。

直球発問

タイトルの右にある「つながっている命」って何だろう？

ポイント さらに具体的に、直球で問う

C：命と命がつながるの？　つながらないと思います。

C：お母さんのお腹とつながっているということかな？

T：皆さんいろいろと考えましたね。お話を読んで考えていきましょう。

教材を読む

教材理解を促す発問

お話を読んでどんなことを思いましたか？

展開A お話を読んで感じたことや主題について改めて考える

C：つながっている命ってそういうことか。

T：どういうことだった？

C：自分の命は、お父さんとお母さんからもらっていて、その前はおじいちゃんとおばあちゃんで……と命がつながっているということ。

教材理解を促す発問

みんなは、命がつながっていると聞いてどんなことを思った？

ポイント 教材を読んだ感想を問う

C：すごいと思いました。

C：自分のご先祖様が何人いるのか知りたいなぁ。

C：誰か1人でもいなかったら、私は生まれてきていないなんて……。それってすごいよね。

T：どうしてすごいと思ったの？

C：だって、今生きているのが奇跡だからです。

▶ **展開の流れ**

　教材にある挿絵を見ながら、「つながっている命」について考えます。導入で考えた「つながっている命」と教材の内容が異なっている場合、新たな気付きがある子どもがいるかもしれません。この後、「つながっている命」をどうしていきたいかという流れになります。「自分も大人になったら、子どもがほしい」「自分の命も、周りの人の命も大切にしないといけない」「危ないことはしないようにする」など多様な考えが出てくるでしょう。

▶ **こんな発問もGood！**

◉ **教材理解を促す発問：**

　「どうしてコウちゃんは、不思議な気持ちになったの？」

◉ **中心発問：**

　「命をありがとうと言ったコウちゃんは、心の中で何を考えているでしょう？」

◉ **教材を自分事として捉え、道徳的価値に迫る発問：**

　「ご先祖様からいただいた命を、みんなは大切にできていますか？」

展開B　コウちゃんの最後のセリフに着目して考える

C：ご先祖様ってこんなにたくさんいるんだね。

T：コウちゃんが、何人いるのかなと数えていましたね。

C：数えられないと思うけど、何人いるのかな。

C：本当に百万人くらいいるのかも。

T：いるかもしれませんね。

　　お話の最後に、コウちゃんが「命をありがとう！」と言ったよね。

教材理解を促す発問

どうして「命をありがとう！」と言ったと思う？

ポイント 主人公の内面を問う

C：ご先祖様にありがとうを言いたかったからだと思います。

T：どうして言いたかったの？

C：だって自分が生きているのは、ご先祖様がいたおかげだからです。

T：そうか、それで「命をありがとう！」と言ったのですね。

　　コウちゃんは、ご先祖様に何を伝えたかったのでしょうね。

▶ **展開の流れ**

　コウちゃんの最後のセリフ「命をありがとう！」について考えていく展開です。コウちゃんは「僕に命をありがとう」「僕は元気だよ」「命を大切に生きていきます」「またお墓参りに行くね」「空から僕のことを見ていてね」ということをご先祖様に伝えたかったのではないかなど、様々な意見が出るでしょう。命の連続性を中心にしながら、様々な側面から命について考えていきます。

▶ **こんな発問もGood！**

● **教材理解を促す発問：**

　「命は目に見えないけど、ずっとつながっているってどういうこと？」

● **中心発問：**「コウちゃんは命のことを、どんなふうに考えているのだろう？」

● **教材を自分事として捉え、道徳的価値に迫る発問：**

　「どうして命は大切なのかと聞かれたら、何と答える？」

「命」とは何か、考えたことを振り返る

T：今日は「命って何だろう？」について考えました。お話や友達の考えを通して、自分の考えた「命」について振り返りをしましょう。

道徳的価値に迫る発問

「〇〇命」。初め（導入）には思いつかなかった、違う言葉が入る？

ポイント 授業を通して考えたことを広げる

C：ご先祖様からもらった命。

C：大切にしていきたい命。

▶ **こんな発問もGood！**

● 教材を自分事として捉え、道徳的価値に迫る発問：

「命が大切な理由、ベスト３を選ぼう」

授業の振り返り

今回は、命の連続性について考える授業でした。先生によっては、「命の連続性は、挿絵などから考えを深めやすいと考えるため得意」「有限性は、命の終わりについて考えることもあるので苦手」など、考え方は異なるでしょう。私は、命の有限性や唯一性について考える方が、授業をしていて子どもたちの思考に深まりがあるなと感じるため、命の連続性を扱う授業に少し苦手意識があります。主題を見極め、そこにグッと迫ることが大切です。しかし、〇〇性にとらわれないで、命について考えていくことも大切だと感じました。

評価のポイント

「命」とは何か、自己を見つめ、物事を多面的・多角的に考え、自己の生き方についての考えを深めているか。

① 「つながっている命」について、自分はどのように考えているか確認し、自分を見つめている。

② ご先祖様からつながっている命の、不思議さや崇高さといった様々な側面から、命の大切さについて考えを広げている。

③ たくさんの人から受け継がれてきた命を、大切に生きていこうと考えている。

— 教材名 —
「いのりの手」

（出典：日本文教出版）

主題 しんらいし合える友達

内容項目

主として人との関わりに関すること
B友情、信頼

第1学年及び第2学年	第3学年及び第4学年	第5学年及び第6学年
友達と**仲よくし**、**助け合うこと**。	友達と**互いに理解し**、**信頼し**、**助け合うこと**。	友達と**互いに信頼し**、学び合って**友情を深め**、**異性**についても理解しながら、**人間関係を築いていくこと**。

内容項目について

　低学年では、友達と仲よく、そして助け合うことと書かれています。中学年になると、友情・信頼の「信頼」という言葉が記されています。

　ここで注目したいのは、信用ではなく信頼だということです。信用は、確かなものと信じ受け入れることです。信頼は、信用した上で何かあったとき友達が自分を助けてくれるだろうと心の拠り所にすることです。だからこそ裏切られると大きなショックを受けます。

指導のポイント

　学校で生活する子どもたちにとって、友達との関係はとても大切です。気の合う友達同士で仲間をつくり、一緒に過ごす場面がよく見られます。中学年という発達の段階では、まだ幼さが残り、けんかに発展することもあります。話し合いをすることで解決することもありますが、話し合いが平行線をたどることもあるでしょう。そんな時期だからこそ、友達のことを互いによく理解し、信頼し、助け合うことを通して健全な仲間集団を育成していくことが大切になってきます。

教材について理解を深める

▶ あらすじ

　絵の勉強をしたいデューラーとハンス。貧しい2人は、絵の勉強をするゆとりがありませんでした。そんなとき、ハンスが「交代で絵の勉強をしよう。一人が働いてもう一人のためにお金を稼いで助けるんだ」と提案し、先に鉄工所で働くことを伝えます。デューラーは、先に絵の勉強をさせてもらいました。数年後、絵の勉強を終え、評判の絵描きとなったデューラーがハンスのもとに帰ると、ハンスの手は絵筆が持てないほどごつごつとこわばっていました。その手を見たデューラーは、自分を絵描きにしてくれた「ハンスの手」を描くことを決意しました。

▶ 教材活用のポイント

　デューラーに絵の勉強をしてもらうために、ハンスは一生懸命に支え続けました。きっと、デューラーのことを信頼していたのでしょう。ハンスの自分（デューラー）に対する思いや、ハンスの手を描くことを決意した2人の友情から、友達を信頼するとはどういうことなのかを感じ取ることができるような展開にしたいです。また、ハンス視点からの友情とデューラー視点からの友情の双方についても考えていきたいですね。

▶ 教材をBefore→Afterで分析する

授業の実際

導入 「友達」について子どもの意見を踏まえて考えを深める

直球発問

「友達」って何だろう？

💡 ポイント 内容項目を直球で問う

T：友達ってどんな人？

C：仲のいい人。

C：一緒にいて楽しい人。

T：そうですね。

問い返し発問

ということは、けんかしたら友達ではなくなるということ？

💡 ポイント 子どもの意見に共感してから問い返す

C：けんかしても友達です。

C：仲が悪いのはけんかしているときだけです。

問い返し発問

さっきは、仲のいい人って言っていなかった？
けんかしているときも仲がいいの？

💡 ポイント 初めに子どもたちから出てきた考えを使って問い返す

C：けんか中は仲が悪いと思います。

C：それにイライラする。

T：友達ってどんな人のことを言うのでしょうか。

お話を読んで、みんなで友達について考えていきましょう。

教材を読む

教材理解を促す発問

お話を読んでどんなことを思いましたか？

展開A 「いのる手」の絵に込められた思いに着目する

C：この絵（いのる手）を見たときは怖いなと思ったけど、すごく大事
　　な絵なんだね。

T：大事な絵と言ってくれたけど、みんなはどう思った？

C：大事な絵だと思いました。

T：誰にとって？

C：2人にとって。

　教材理解を促す発問

「いのる手」には2人のどんな思いが込められているのだろう？

　ポイント　それぞれの視点から考える

T：まずは、先に絵の勉強をしたデューラーから考えてみよう。

C：この手のおかげで今の自分がいる。

T：今の考え、みんなはどう思う？

C：そう思う。ハンスがいなかったら絵の勉強はできなかった。

C：ありがとうという気持ちを込めて描いたと思う。

C：ごめんね、自分だけという気持ちもあると思うよ。

▶ 展開の流れ

　絵に注目した子どもたちが多い場合は、絵に込められた思いを考える展開にします。デューラーとハンスのそれぞれの視点から考えると、「ありがとう」という思いはどちらからも出てくるでしょう。それは、同じ「ありがとう」という言葉でも微妙にニュアンスの異なる「ありがとう」です。また、「信頼」という言葉は出てこなくとも、「2人とも信用していた」という考えが子どもたちから出てくるかもしれません。

▶ こんな発問もGood！

● 教材理解を促す発問：「この絵に2人は満足していると思う？」

● 中心発問：

　「デューラーは絵を描いているとき、どんなことを考えていたでしょう？」

● 教材を自分事として捉え、道徳的価値に迫る発問：

　「2人とも信用していたってどういうこと？」

C：2人ともただの友達じゃない。

C：これは親友レベルだよ。

T：親友レベルってどういうこと？

C：普通の友達より信じられるということです。

C：そうそう。

C：いや。もう親友レベルじゃなくて家族レベルかも。

T：なるほど。家族レベルまでいっているかもしれないね。

教材理解を促す発問

友達のためにどうしてこんなに頑張れたと思う？

C：相棒だからです。

C：自分のことを信じてくれているからです。

T：どうしてこんなに信じられたのだろうね。

C：分からない。でも、自分も相手を信じていると思います。

▶ 展開の流れ

　この展開では、2人の関係性から、「親友レベル」「家族レベル」という考えが出てきました。友達から親友レベル、そして家族レベルに進むためには、何が必要になってくるのかを考えます。子どもたちからは、「時間」「関係を深める」「ずっと信じ続ける」などの考えが出てくるでしょう。その後、友達のために頑張ることができた理由、そして、よい友達関係とはどういう関係かについて考えていくことができます。

▶ こんな発問もGood！

● 教材理解を促す発問：「2人は、どんな関係？」

● 中心発問：「2人は、友情とはどのようなものだと考えているでしょう？」

● 教材を自分事として捉え、道徳的価値に迫る発問：

　「どうすればこんなに信用することができるの？」

終末　「友達」とは何か、考えたことを振り返る

T：今日は「友達って何だろう？」について考えました。お話や友達の考えを通して、自分の考えた「友達」とは何かについて振り返りをしましょう。

【道徳的価値に迫る発問】

誰かを信じるって簡単？　難しい？

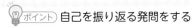

ポイント　自己を振り返る発問をする

▶ **こんな発問もGood！**

◦教材を自分事として捉え、道徳的価値に迫る発問：

「友達だから信じられるの？　それとも信じられるから友達になれるの？」

授業の振り返り

授業では、範読後すぐに、数人の子どもたちから「いいお話だね」という声が聞こえてきました。それほどこの教材が、子どもたちの心の奥にグッと届く魅力があるのだと感じました。今後も、生活の中でけんかに発展することもあるでしょう。そんなときこそ、この教材に登場する2人のように、互いを理解し、信頼し合うことの大切さを思い出してほしいと思います。

評価のポイント

「友達」とは何か、自己を見つめ、物事を多面的・多角的に考え、自己の生き方についての考えを深めているか。

①友達を理解し、信頼するとはどういうことか、自分の経験から考えようとしている。

②登場人物2人の友情の美しさを感じ、友情の捉え方は人それぞれ異なることに気付いている。

③自分と友達との関係性について再度考え、今後さらに健全な友達関係を築いていこうと考えている。

― 教材名 ―
「雨のバスていりゅう所で」

(出典：光村図書出版)

主題 みんなが気持ちよく

内容項目

主として集団や社会との関わりに関すること
C規則の尊重

第1学年及び第2学年	第3学年及び第4学年	第5学年及び第6学年
約束やきまりを守り、みんなが使う物を大切にすること。	**約束や社会のきまりの意義**を理解し、それらを守ること。	**法やきまりの意義を理解した上で進んで**それらを守り、**自他の権利を大切にし、義務を果たすこと。**

内容項目について

　中学年になると低学年のときにくらべ、身の回りにあるきまりだけでなく、社会生活上のきまりについてまで考えを広げることができるようになってきます。3年生以上には、「意義」という言葉が追加されています。きまりをきちんと守ることの大切さだけではなく、「どうしてこのきまりがあるのか」という、きまりの意義まで考えていきたいですね。

　また、きまりは自分たちを拘束するものではなく、きまりがあるから安全に、かつ安心して生活することができるということも考えていきたいところです。

指導のポイント

　きまりを守った方がいいことは、ほとんどの子どもが知っていることが想定されます。だからこそ、きまりの意義やよさについて理解した上で、きちんと守るように指導していくことが大切になってきます。さらに、社会生活において守るべき道徳としての公徳を、進んで大切にする態度にまで広げていく必要があります。社会のきまりや守るべき道徳を理解していくことは、高学年や中学校での生活にも関わる大切なことです。教材をうまく活用し、「○○の場合はきまりを守らなくてもよい？」など様々な場面を想定して考えましょう。

教材について理解を深める

▶ あらすじ

　雨の日、バス停近くのお店の軒下で雨宿りをしていた、よし子とお母さん。前から6番目に並んでいます。バスが来たとたん、早くバスに乗りたいよし子は、1番に乗るために軒下から走って停留所の先頭に並びます。それを見た母は、よし子の肩を後ろにぐいと引きました。結局2人は軒下に並んでいた順番の通り、6番目にバスに乗りました。バスの中で母を見ると、いつも優しく話しかけてくれる母ではなく、とても怖い顔をしています。そんな母の横顔を見ていたよし子は、自分がしたことを考え始めます。

▶ 教材活用のポイント

　他の人より先にバスに乗ろうとしたよし子が、お母さんに引き止められたことがきっかけで、自分のしたことを考え始めます。よし子が自分の行動を振り返り、考え始める場面を授業でも扱うことで、子どもたちも今まで同じような経験をしたことがないかと自分事として考えることができます。

　また、この教材でいう「きまり」は、内容項目にも記されている通り、社会のきまりです。皆が気持ちよく過ごすために大切なことであるということについても考えていきたいですね。

▶ 教材をBefore→Afterで分析する

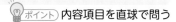 導入 「きまり」は守るべき？ 守らなくてもいいときもある？

直球発問

「きまり」って何だろう？

 ポイント 内容項目を直球で問う

C：守らないといけないもの。

C：みんなで守ろうと決めたルール！

問い返し発問

「きまり」って守らないといけないものなの？

ポイント 子どもの意表をつく問いを投げかける

C：そうです。

T：そうなんだ。では3択です。きまりは①守らなければいけない②守った方がいい③守らなくてもよい。どれですか？

C：守らなくてはいけない。

問い返し発問

どんなことがあっても守らないといけないの？

ポイント 思考を揺さぶる

C：うーん。そう言われるとどうかなぁ。

T：守った方がいいと思う人？（多くの子どもが手を挙げる）

T：ということは、守らなくてもいいときがあるってことかな？

C：なんか違うなぁ。

T：今日は「きまり」について、みんなで考えていきましょう。

教材を読む

教材理解を促す発問

お話を読んでどんなことを思いましたか？

展開A よし子のしたことは順番抜かしかどうかに着目する

C：順番抜かししようとした話。

T：え、これって順番抜かしなの？

C：そうです。

C：違うよ。順番抜かしではないよ。

C：完全に順番抜かしだよ。だって先頭に並びに行ったから。

T：みんなは、どう思う？

教材理解を促す発問

順番抜かしだと思う人？　違うと思う人？

ポイント 子どもの意見を踏まえて全体に問う

T：意見が分かれましたね。

　　では、この順番（軒下で並んでいる挿絵を指しながら）は何？

C：これは、ただ雨宿りしているだけです。

C：でも、やっぱりこれは、順番抜かしだよ。

▶ 展開の流れ

　授業では範読後すぐに子どもから、「順番抜かしの話だよ」という意見が出ました。それに対し、「順番抜かしではない」という意見も出ました。

　その後予想される展開としては、軒下で待っている順にバスに乗るというきまりがあったとすると、よし子はそのきまりを知らなかったのではないかという考え方が出てくるかもしれません。もし、きまりを知っていたのであれば守っていないよし子が悪いけれど、きまりを知らなかったのなら守ることができないのは仕方ない、という意見が出ることが考えられるでしょう。

▶ こんな発問もGood！

● **教材理解を促す発問**：「よし子は悪いことをしたの？」

● **中心発問**：「バスに順番に乗るのはきまり？　マナー？」

● **教材を自分事として捉え、道徳的価値に迫る発問**：

　「きまりを知らなかったら、きまりを破ってもいいのかな？」

C：これはだめだよ。

T：何がだめなの？

C：（軒下で）順番になって並んでいるのに、先にバスに乗ろうとしたことです。

T：どうしてよし子は、先に乗ろうとしたと思う？

C：雨が降っているからだと思います。

C：それに、お土産もぬれちゃうし。

T：確かにそうですね。

教材理解を促す発問

早くバスに乗りたいよし子の気持ちは分かる？

ポイント　登場人物の気持ちを自分事として考える。

C：それは分かります。

C：でもだめだよ。

T：どうしてだめなの？

▶ **展開の流れ**

　早くバスに乗りたいよし子の気持ちに共感しながらも、順番抜かしをしてはいけないという意見が多い場合の展開です。もしきまりがなければ、このバス停（軒下で並んで待っている人たち）はどうなってしまうかということを考えていくうちに、きまりがあることの意義について考えていくことができるでしょう。きまりがある理由について考えることで、「きまりがあるから安心して過ごすことができる」ということに気付くはずです。反対に、もしきまりがなければ、もっとけんかや犯罪が起きるかもしれないと考えた子どももいるでしょう。

▶ **こんな発問もGood！**

● **教材理解を促す発問：**

　「バス停の前で並んでいた人はいないから、１番に乗ってもいいのではない？」

● **中心発問：**「最後の場面のよし子は何を考えていたのでしょう？」

● **教材を自分事として捉え、道徳的価値に迫る発問：**

　「きまりって何のためにあるのかな？」

終末 「きまり」とは何か、考えたことを振り返る

T：今日は「きまりって何だろう？」について考えました。お話や友達の
意見を通して、自分の考えた「きまり」について振り返りをしましょう。

道徳的価値に迫る発問

幼稚園や保育園の子に、「どうしてきまりを守らないといけないの？」と聞かれたら、なんと答える？

C：守らないと怒られるからだよ。

C：〇〇ちゃんが困るかもしれないよ。

▶**こんな発問もGood！**

●教材を自分事として捉え、道徳的価値に迫る発問：

「きまりは、ありすぎるとしんどい？　なくてもしんどい？」

授業の振り返り

　約束やきまり、そして順番を守るということは子どもたちの生活にも結び付く
場面がたくさんあるでしょう。子どもたちにとって、自分の経験と重ねて考える
ことで、よし子の行動を、そして「きまり」の大切さや意味を自分事として考え
やすい教材であったと感じます。授業では、展開Aや展開Bの場合も順番に関す
る考えが、すぐに出てきました。教材にある具体的な場面を考えることを通して、
きまりについて考えを広げることができたと感じています。

評価のポイント

　「きまり」とは何か、自己を見つめ、物事を多面的・多角的に考え、自己の生
き方についての考えを深めているか。

①みんなが気持ちよく過ごすことができるように、自分は約束や社会のきまりを
　守ることができているか考えている。

②約束や社会のきまりの意義を考え、きまりがあることのよさについて考えを広
　げている。

③皆が気持ちよく過ごすために、何が大切なのか考えている。

― 教材名 ―
「フィンガーボール」

（出典：日本文教出版）

主題 れいぎにこめられたもの

内容項目

主として人との関わりに関すること
B礼儀

第1学年及び第2学年	第3学年及び第4学年	第5学年及び第6学年
気持ちのよい挨拶、言葉遣い、動作などに心掛けて、明るく接すること。	礼儀の大切さを知り、誰に対しても真心をもって接すること。	時と場をわきまえて、礼儀正しく真心をもって接すること。

内容項目について

　礼儀とは、心が礼の形になって表れることであり、心と形が一体となって表れてこそ、そのよさが認められます。形だけの謝罪（イライラしながら、気持ちの込もっていないごめんねなど）でさらにけんかが発展することがあるのは、心と形が一体となっていないからでしょう。また、礼儀は良好な人間関係を築いていくために創り出された日本の文化の特徴です。冠婚葬祭のマナーなど、大人でも知らないこともあるでしょう。大人が作法として子どもたちに礼儀を教えることも大切です。

指導のポイント

　中学年以降の子どもたちを見ていると、仲のよい友達同士で一緒に過ごす場面が多々あるでしょう。学級には、たくさんのクラスメートが在籍しています。特に一緒に過ごすことの多い友達だけでなく、誰に対しても礼儀正しく接する態度を育てることが大切です。真心を込めた態度で接することで、心と形が一体となるでしょう。

　また、他者と関わるとき、どのように振る舞うことが好ましいか考えることも大切です。「親切、思いやり」と関連した考えも出てくるでしょう。

教材について理解を深める

▶ あらすじ

女王様が、外国から来たお客様をもてなすためにパーティーを開きました。料理の最後に、果物とフィンガーボールが運ばれてきました。フィンガーボールは、汚れた手を洗うためのものです。ところが、お客様はフィンガーボールの水を飲んでしまいました。その様子を見ていた女王様も、フィンガーボールの水を飲みました。当然女王様は、フィンガーボールの正しい使い方を知っています。お客様が自分の間違いを知ったとき、女王様のしてくださった行動をどんなにありがたく思うことでしょう。

▶ 教材活用のポイント

女王様ですから、フィンガーボールが何をするためのものか知っているでしょう。もし、「すみません。この水は飲むためのものではなく、手を洗うためのものです」と食事の場で伝えていたら、お客様は恥ずかしい思いをしたことでしょう。そうならないように、女王様は何も言わずフィンガーボールの水を飲んだのです。この行動に女王様にとっての礼儀が表れています。また、間違って水を飲んでしまったお客様が、女王様の真心を込めた行動を知ったとき、どのように思うか考えることを通して、礼儀について考えることもできるでしょう。

▶ 教材をBefore→Afterで分析する

お客様がフィンガーボールの
水を飲んでしまう。
もしかすると、フィンガーボールの
ことを知らなかったのかもしれない。

その様子をだまって見ていた
女王様も、水を飲みました。

導入 「礼儀に必要なもの」を考え、考えを広げる

直球発問

「礼儀に必要なもの」って何だろう?

💡 ポイント 内容項目を直球で問う

C：敬語を使うことです。

C：「ありがとうございます」とか「こんにちは」と言うことです。

C：心構えかな。

問い返し発問

心構えってどういうこと?

💡 ポイント 子どもの考えに質問する

C：しっかりしようとすること。

T：しっかりしようとしている人は礼儀正しいということ？　みんなはどう思いますか？

C：そうそう。しっかり挨拶をしている人は、礼儀正しいと思います。

問い返し発問

礼儀正しいことって大切なの?

💡 ポイント 礼儀についての考えを深める

C：大切です。

T：それはどうしてですか？

C：相手に失礼になるからです。

T：そうですね。今日は、お話を読んで礼儀について考えていきましょう。

教材を読む

教材理解を促す発問

お話を読んでどんなことを思いましたか?

展開A　女王様がフィンガーボールの水を飲んだことについて考える

C：水を飲むなんて優しいね。

T：それはどうして？

C：だって、お客さんが恥ずかしい思いをしなくて済んだからです。

C：あの場で「間違えているよ」と言われたら、絶対恥ずかしいよね。

C：でも僕だったら、「飲むための水じゃないよ」と言ってほしいな。

T：恥ずかしい思いをするかもしれないのに言ってほしいの？

C：次もまた飲んでしまうかもしれないから、教えてほしいです。

教材理解を促す発問

みんなだったら、教えてほしい？

ポイント　教材の世界に入り込んで考える発問をする

C：絶対、教えてほしくないです。

C：誰もいないところで、こっそり教えてほしいです。

T：意見が分かれました。女王様は礼儀についてどんなふうに考えていると思う？

▶ 展開の流れ

　フィンガーボールの水を飲むという行為に着目したときの展開です。誤った行動をしていたときは教えてほしい、または教えてほしくない。それは、その場の状況や親密さによっても異なるかもしれません。今回、女王様が間違いを指摘しなかったのは、どうしてでしょう。「誰もいやな思いをしてほしくないから」「1番偉い自分が間違っているよと言ったら、恥ずかしい思いをするだろうから」「もし、お客さんが誰かに注意されても助けてあげられるように、自分も飲んだと思う」という考えが、子どもたちから出てくるかもしれません。

▶ こんな発問もGood！

● **教材理解を促す発問**：「フィンガーボールの水を飲むお客様を見て、女王様は何を考えていたでしょう？」

● **中心発問**：「どうして女王様は、フィンガーボールの水を飲んだのでしょう？」

● **教材を自分事として捉え、道徳的価値に迫る発問**：

　「礼儀正しさは、どうすれば身に付くのだろう？」

C：フィンガーボールって手を洗うためのものなんだ。

C：じゃあ、女王様はだめだよね。

T：どうしてだめなんですか？

C：手を洗うための水って知っているのに飲んだからです。

C：確かに。そう考えると、礼儀正しくないかもしれないね。

教材理解を促す発問

女王様は礼儀正しい？　礼儀正しくない？

ポイント　礼儀正しさの対象を考える

C：お客さんを守ったんだから礼儀正しいよ。

T：お客さんのことを考えて水を飲んだから、礼儀正しいということですね。礼儀正しくないと思った人は、どうしてそう思ったの？

C：女王様が水を飲んだら、他のお客さんも水を飲まないといけない空気になりそうだから、礼儀正しくないと思う。

C：お客さんは恥ずかしいかもしれないけど、間違っていることを教えるのも礼儀だと思います。

▶ 展開の流れ

　女王様は礼儀正しいのか考える展開です。お客様のことを考え、お客様のために水を飲むことは、他者への礼儀と捉えることができるかもしれません。その反面、使い方を知っているのに、間違った使い方をした女王様は礼儀正しくないと捉えることもできます。ここに礼儀正しさの対象の違いが見えてきます。どちらを選んだとしても、そのように判断した理由が大切になってきます。「どうして礼儀正しいと思ったの？」「今の考えをみんなはどう思う？」と問い返しながら、授業を展開していきます。

▶ こんな発問もGood！

● 教材理解を促す発問：「フィンガーボールってどんなものでしたか？」

● 中心発問：「女王様が、間違いを伝えなかったのはどうしてだろう？」

● 教材を自分事として捉え、道徳的価値に迫る発問：

　「そもそも礼儀正しいって何だろう？」

終末 「礼儀に必要なもの」とは何か、考えたことを振り返る

T：今日は「礼儀に必要なものって何だろう？」について考えました。お話や友達の考えを通して、自分の考えた「礼儀に必要なもの」について振り返りをしましょう。

道徳的価値に迫る発問

自分は今、礼儀正しく生活できていると思う？

C：自分では礼儀正しくしているつもりです。

C：でも、礼儀正しくできていないこともあるかもしれないな。

▶ **こんな発問もGood！**

● 教材を自分事として捉え、道徳的価値に迫る発問：

「礼儀正しくなるために、できることは何だろう？」

授業の振り返り

　内容項目「礼儀」では、挨拶に焦点を合わせた教材も多々見られますが、今回は挨拶よりも広い概念について考えました。展開で「どうすれば礼儀正しくなれるのかな？」という問いが子どもから出てきました。その問いに対し、「礼儀正しい人と一緒にいれば、自分も礼儀正しくなることができる」「まずは、礼儀正しくしようと思わないといけない」という考えが出てきました。「先生は大人なんだから礼儀正しいでしょ。先生を見て礼儀正しくなるよ」という考えを聞いたときは、子どもたちの手本となる存在でありたいと改めて考えさせられました。

評価のポイント

　「礼儀に必要なもの」とは何か、自己を見つめ、物事を多面的・多角的に考え、自己の生き方についての考えを深めているか。

①普段の生活で、礼儀正しく生活することができているか、自分を見つめている。

②女王様の行動や友達の考えから、礼儀正しさとは何か、考えを広げている。

③「礼儀に必要なもの」とはどういうことかを考え、これからの生活に生かそうとしている。

— 教材名 —
「うばわれた自由」

(出典：光村図書出版)

主題 自由とは

内容項目

主として自分自身に関すること
A善悪の判断、自律、自由と責任

第1学年及び第2学年	第3学年及び第4学年	第5学年及び第6学年
よいことと悪いこととの区別をし、よいと思うことを**進んで行う**こと。	**正しいと判断した**ことは、**自信をもって行う**こと。	**自由**を大切にし、**自律的に判断**し、**責任のある行動**をすること。

内容項目について

　善悪の判断をして行動し、自由を大切にすることに関する内容項目です。しかし、この「自由」には、自律的に判断し、自分の行動に責任が伴うことを忘れてはいけません。「自由だから何をしてもよい」というわけではありません。例えば、相手や周りのことを考えないで自分勝手な行動をしてはいけないということです。この「自由」「自律」「責任」というキーワードは、低・中学年には記されていませんが、「よいことと悪いことを判断し、よいことは自信をもって行うこと」が高学年や中学校での指導に生きてくるでしょう。

指導のポイント

　自由をどのように捉えればよいのでしょうか。もちろん子どもたちから「何をしてもよいから楽」といった意見が出てくることも予想されます。そこにとどまらず、自由と自分勝手の違いや、自由に行動することには責任が伴うということも考えていきたいです。そういったことを考えると、「自由なんていやだ」と考える子どもたちも出てくるかもしれません。しかし、社会に出るとそういう場面に何度も出会うことになるでしょう。いやだと感じるかもしれませんが、どうして「自由」「自律的」「責任」が大切になってくるのかを考えていきましょう。

教材について理解を深める

▶ あらすじ

「日の出前に、狩りをしてはいけない」というきまりを破ったジェラール王子。きまりを破った者を取り締まることを仕事としているガリュー。「あなた方が言っている自由とは、自分だけに都合のよいようにすることで、本当の自由とは申しません」。このように注意したガリューは捕らえられます。その後、裏切りにあったジェラールも捕らえられてしまいます。牢屋でガリューに出会ったジェラールは、自分のしたことを見つめ直します。

▶ 教材活用のポイント

今回の教材の主題は「自由とは」です。ジェラールのしたことは、よいこと？悪いこと？　といった善悪の判断ではなく、「自由」に着目して考えていきましょう。ジェラールにとっての自由とは何か。ガリューにとっての自由とは何か。それぞれの考えを比較することで、教材文にも記されている「本当の自由」について考えていくことができるでしょう。また、捕らえられる前と捕らえられた後のジェラールの自由に対する考えを比較することも「本当の自由」について考えるきっかけになるでしょう。

▶ 教材をBefore→Afterで分析する

授業の実際

導入 「自由」に対する考えを広げる

直球発問

「自由」って何だろう？

ポイント 内容項目を直球で問う

C：自分の好きなことができるということ。

C：何にもしばられないこと。

問い返し発問

自由にしていいよと言われたら、どんな気持ちになる？

ポイント 自由に対する考え方を広げる

C：それは、うれしいです。

C：最高です。

問い返し発問

いやな気持ちになる人や困るなと思う人もいる？

ポイント 自由に対する考え方をさらに広げる

C：絵を描くときに、自由にどうぞと言われても、初めは困る。

C：なるほど、確かに。

C：そうかな。私は、自由の方がうれしいな。

T：自由と言われても、いろいろな考え方がありそうですね。

今日は、自由に関するお話を読みますが、今みんなが考えた自由とは、少し違います。さぁどんな自由かみんなで考えていきましょう。

教材を読む

教材理解を促す発問

お話を読んでどんなことを思いましたか？

展開A　ジェラールの気持ちや考えに着目する

C：王子でも、きまりを破るのはだめでしょ。

T：ジェラールは自由を求めていたけど、この自由をどう思う？

C：自由というか、わがままだと思います。

C：していいことと悪いことがあると思います。

T：ジェラールは、自由にしていてうれしいと思っているのかな？

C：うれしいと思う。

T：さっき（導入で）自由はうれしいと言っている人がいたよね？

教材理解を促す発問

みんなの考えていた自由とジェラールの自由は違うのかな？

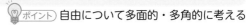 ポイント 自由について多面的・多角的に考える

C：全然違います。

T：何が違うの？

C：誰かに迷惑をかけているかどうかが違います。

C：自由はなんでもしてもいいけど、誰か困る人がいたらだめだよね。

▶展開の流れ

　ジェラールについて注目した子どもがいた場合、ジェラールの考える自由について考えていきます。導入で考えた自由とジェラールの考える自由の違いを比較していくと、「責任」という言葉は出てこなくとも、自由に対する考えが広がっていくでしょう。私の場合、その後「本を読むと、自由にすることは責任が生まれると書いていたのだけど、みんなはどう思う？」と問いかけます。すると、「自由にして迷惑をかけてしまったら、自分の責任になるということかな」「自分勝手にしていたら困ることがあるかもしれないから、しっかり行動しよう」という意見が出てきました。

▶こんな発問もGood！

● **教材理解を促す発問**：「ジェラールってどんな人？」

● **中心発問**：「『本当の自由を大切に』というガリューの言葉を聞いて、ジェラールはどんなことを考えたでしょう？」

● **教材を自分事として捉え、道徳的価値に迫る発問**：「責任が生まれるのであれば、それって結局自由とは言えないのではないの？」

C：ジェラールの自由は、自由じゃないよ。

T：どうして？

C：ジェラールは、自分がよかったらそれでいいと思ってるから。

T：確かにそうかもしれませんね。ガリューは、自由についてどのように考えていると思う？

C：ガリューは、すごく真面目に考えていると思います。

C：自分だけが都合がいいのは、自由じゃなくて自分勝手。

C：人の迷惑にならないようにすること。

教材理解を促す発問

ジェラールの考える自由とガリューの考える自由は、何が違う？

C：自分のことだけ考えているのか、周りのことも考えているのか。

C：なんでも〇Kと思っていないところ。

C：2人の考える自由って全然違うね。

▶ 展開の流れ

　ジェラールとガリューの自由に対する考えの違いを考えます。「自分のことばかり考えているか、他者のことも考えているか」「人の気持ちを考えられているか」という意見が出るでしょう。その後、ジェラールが牢屋に入れられ、ガリューと出会った場面について考えます。「きっとジェラールは、自分が間違っていたことに気付き始めている」「ガリューの言っていた自由が今なら分かるはず」とジェラールの自由に対する考え方の変化についての考えが出るでしょう。

▶ こんな発問もGood！

●**教材理解を促す発問：**

　「みんなの考えていた自由はジェラールに似ている？　ガリューに似ている？」

●**中心発問：**「2人の考える自由に共通点はあるかな？」

●**教材を自分事として捉え、道徳的価値に迫る発問：**

　「本当の自由とは何でしょう？」

T：今日は「自由って何だろう？」について考えました。お話や友達の考えを通して、自分の考えた「自由」について振り返りをしましょう。

　道徳的価値に迫る発問

　初め（導入）に考えた自由と今みんなが考えている自由は、同じ？　少し変わった？

C：少し変わったかな。

C：自由にするのはいいけれど、誰かに迷惑をかけてはいけない。

▶ **こんな発問もGood！**

● 教材を自分事として捉え、道徳的価値に迫る発問：

「自由と自分勝手の違いは何でしょう？」

授業の振り返り

　「努力と強い意志」「親切、思いやり」など、導入と終末の考えに深まりが見られるが、大きくは変わらないことが予想される内容項目もあります。しかし、今回扱った「自由」は、考えが大きく変わった子どもがたくさんいました。

　私の授業で「自由は自由」と言っていた子どもの振り返りを見ると、「結局、自由には勇気と責任がいる」と書かれていました。しかし、抽象的なことを考えていったため、子ども同士の対話がかみ合わないときもありました。

評価のポイント

　「自由」とは何か、自己を見つめ、物事を多面的・多角的に考え、自己の生き方についての考えを深めているか。

① 自由について、自分の考えを振り返っている。

② ガリューの話す「本当の自由」がどのようなものか、考えを広げている。

③ 自由について考えたことを通して、これから自分はどのように生きていくか考えている。

― 教材名 ―
「ひとふみ十年」

(出典：日本文教出版)

主題 自然を守る力

内容項目

主として生命や自然、崇高なものとの関わりに関すること
D 自然愛護

第1学年及び第2学年	第3学年及び第4学年	第5学年及び第6学年
身近な自然に親しみ、**動植物**に**優しい心**で**接する**こと。	自然の**すばらしさ**や**不思議さ**を感じ取り、**自然**や**動植物**を大切にすること。	自然の**偉大さ**を知り、**自然環境**を大切にすること。

内容項目について

　低学年では身近な自然について考え、中学年では自然のすばらしさや不思議さから、動植物を大切にすることを考えてきました。生活科や理科の学習などとも関連して、子どもたちは学んできたでしょう。

　高学年には「偉大さ」という言葉が記載されています。自然の偉大さとは一体何でしょう。言葉で表現することは難しいですが、自然の美しさに感動したり、大自然を前に、ちっぽけな自分を自覚したりすることも偉大さに含まれると感じています。

指導のポイント

　導入で自然に関する写真を活用しながら、子どもたちと共に自然について考えていくことで、考えが深まると感じます。その写真とは、自然のすばらしさや美しさだけでなく、自然災害や環境問題など、多面的に考えることができる写真です。そして、自然環境を大切にするという高学年のねらいに、「進んで自然の愛護に努める」という視点が中学校で加わります。自然の愛護に努めるとは、人間が自然を保護するということではなく、自然と共に生きようとするということです。そのことも意識しながら、授業を展開したいですね。

教材について理解を深める

▶ あらすじ

　勇は初めて見た立山の美しさに心を打たれます。草むらに腰を下ろし、山を見ていたとき、自然解説員の松井さんに「腰を下ろさないで」と注意を受けます。それは、ただの草むらではなく高山植物だったからです。高山植物を踏みつけてしまうと、元に戻るまで10年はかかると勇は知ります。みんなで山の自然を守ってきたこと、多くの人にこの自然を味わってほしいこと、自然環境を平気で壊してしまう人がいることを聞いた勇は、松井さんの言葉の一つ一つについて考えます。

▶ 教材活用のポイント

　教材名でもある「ひとふみ十年」の言葉の重みを知ったとき、勇がどんなことを感じたか考えていきたいです。勇が感じたことを考えることで、教材からはなれ、自分事として考えることができ、自然のすばらしさや偉大さを感じ取ることができると考えます。子どもたちから「すごい」「（すごすぎて）何と言っていいか分からない」という考えが出ることも予想されます。内容項目Dの視点「崇高なもの」ということを意識して授業に臨むことが大切です。そしてこの教材を通して、自然環境を大切にしていこうとする心情や態度を育みたいですね。

▶ 教材をBefore→Afterで分析する

授業の実際

導入 「自然」をイメージして子どもから出た意見をつなげる

直球発問

「自然を守る」って何だろう？

💡ポイント 内容項目を直球で問う

T：目を閉じて、頭の中で自然を思い浮かべてみましょう。

C：木がたくさん生えている。川が流れている。

T：なるほど。（自然の写真を提示しながら）こんなイメージ？

C：そうそう。

T：自然を見ると、どんな気持ちになる？

C：さわやかな気持ち。

問い返し発問

さわやかな気持ちってどんな気持ち？

💡ポイント 子どもから出てきた抽象的な考えを、具体的な表現にする

C：なんか、心がきれいになるみたいな感じです。

C：何で自然を守らないといけないのかな？

問い返し発問

みんなは、どうしてだと思う？

💡ポイント 子どもから出た問いを全体に返し、考えていく

C：大切だからです。

C：守った方がいいからです。

T：今日は、みんなで自然を守ることについて考えていきましょう。

教材を読む

教材理解を促す発問

お話を読んでどんなことを思いましたか？

展開A 松井さんの視点で「自然」について考える

C：すごい。

T：何がすごいの？

C：松井さんたちが、自然を守ろうとしていることです。

　　　教材理解を促す発問

松井さんは、どうして自然を守ろうとしているのだろう？

C：きれいな自然をいろいろな人に見てもらいたいからだと思います。

C：守らないと、自然がなくなってしまうかもしれないからだと思う。

C：自然を大切にしていない人がいるからだと思う。

T：いろいろな理由で、自然を守ろうとしているのですね。この中で、松井さんが自然を守ろうとしている一番の理由はどれだと思う？
　　（挙手により意思表示を行う）

T：みんなそれぞれの考えがあるでしょうね。
　　ここからは自分のことについて考えてみましょう。みんなは、自然を守ることができていますか？

▶ 展開の流れ

　自然解説員である松井さんの視点で授業が進んでいきます。自然を守ることは簡単なことではない。自然を守り続けることはより難しい。それでも自然を守ろうとしている松井さんの姿から、自分たちは自然を守ることができているか考えていきます。「守ることができていない」という意見が多いかもしれませんが、ごみの分別やリサイクルなど、自然を守る活動ができているという意見も出てくるでしょう。

▶ こんな発問もGood！

● **教材理解を促す発問**：「松井さんは、どんな思いで仕事をしているでしょう？」

● **中心発問**：「松井さんは勇のことをどのように見ているでしょう？」

● **教材を自分事として捉え、道徳的価値に迫る発問**：
　「自然のすごいところは、どこだろう？」

C：育つのに10年もかかるの？

T：そうです。みんなは今何歳ですか？

C：10歳。

T：みんなと同じくらいですね。

C：すごい長い時間だなぁ。

T：勇は松井さんから、「ひとふみ十年」という言葉の意味を聞きましたね。

教材理解を促す発問

勇は、どんなことを考えたでしょう？

C：心が痛んだと思います。

T：どういうこと？

C：自分で自分の心を踏んだと思います。

C：反省したんだろうね。

C：夜、寝ることができないくらい後悔したと思います。

▶展開の流れ

　チングルマが育つまでに、10年もかかることに着目した子どもが多い場合の展開です。「ひとふみ十年」の意味を知ったときの勇の考えを、クラスで共有します。真っ先に出てくる意見は「すごい」ではないでしょうか。まさに、ねらいにある「偉大さ」に関連する意見です。その他にも、「反省することは仕方がないけど、わざと踏んだわけではないから仕方ない」「勇は、これから自然を大切にしていくと思う」といった考えも出るでしょう。

▶こんな発問もGood！

●教材理解を促す発問：

　「チングルマに年輪があると分かったとき、どうして驚いたの？」

●中心発問：「勇はどんなことを学んだでしょう？」

●教材を自分事として捉え、道徳的価値に迫る発問：

　「人間は自然を大切にできている？」

終末 「自然を守る」とは何か、考えたことを振り返る

T：今日は「自然を守るって何だろう?」について考えました。お話や友達の考えを通して、自分の考えた「自然を守る」ことについて振り返りをしましょう。

道徳的価値に迫る発問

自然は大切と分かっているのに、どうして大切にできないことがあるのだろう?

C：自分には関係ないと思ってしまっているから。

C：遊びのつもりで、花をちぎってしまうこともあるから。

▶ **こんな発問もGood!**

● 教材を自分事として捉え、道徳的価値に迫る発問：

「生活のために、自然を壊して作った場所がありますが、それっていいの?」

授業の振り返り

　今回は、自然環境を大切にするということが授業の中心でした。自然愛護という内容項目であるため、自然環境を大切にするという視点でもよいですが、「自然の偉大さ」に着目して考えたいと感じました。「偉大さ」について考えを深めていくためには、どんな発問が効果的であるかについては、私の今後の課題です。「自然のすごいところはどこだろう」と問うことで、偉大さについて考えることができると思いますが、言語化する難しさ、また問い返す難しさがあります。

評価のポイント

　「自然を守る」とは何か、自己を見つめ、物事を多面的・多角的に考え、自己の生き方についての考えを深めているか。

①これまで自然を守ることができていたか振り返り、自分を見つめている。

②友達の考えを基に、自然の偉大さやすばらしさについて考えを広げている。

③自然を守ることや偉大さを確認し、これからどのように自然と関わっていくか考えている。

― 教材名 ―
「手品師」

(出典：光村図書出版)

主題 自分の心に誠実に

内容項目

主として自分自身に関すること
A正直、誠実

第1学年及び第2学年	第3学年及び第4学年	第5学年及び第6学年
うそをついたり**ごまかし**をしたりしないで、**素直に伸び伸び**と生活すること。	**過ち**は**素直に改め、正直に明るい心**で生活すること。	**誠実**に、**明るい心**で生活すること。

内容項目について

　高学年になり「誠実」という言葉がねらいに記されています。誠実とは、一体何でしょうか。『中学校学習指導要領（平成29年告示）解説　特別の教科道徳編』には、「『誠実に実行』するとは、すがすがしい明るい心で、私利私欲を交えずに真心を込めて具体的な行為として行うこと」と記されています。そのような具体的な行為を継続して行うことが「明るい心で生活する」だけでなく、人を成長させることにもつながります。

　また、反対の「不誠実」とは何か考えることで、「誠実」という言葉の意味をよりイメージしやすくなるでしょう。

指導のポイント

　「誠実」を、「自分自身に対する誠実さ」と「他者への誠実さ」に分けて考えてみましょう。前者は、自分の考えや思いを偽らないで行動することです。後者は、自分の考えや思いを偽りなく他者へ伝えることです。自分自身と他者、双方への誠実さが見えてくることで「○○さんは誠実な人だなぁ」と周りに認識されることになるでしょう。教材の特性に合わせて、どちらの誠実さ（教材によってはどちらも）について考えていきたいかを明確にしていきましょう。

教材について理解を深める

▶あらすじ

　大劇場のステージに立つことが夢である、売れない手品師がいました。ある日、町を歩いていると、道でしょんぼりとしゃがみこんでいる男の子に出会います。男の子のために手品を披露すると、男の子は元気になりました。明日も会うことを約束し、その場を後にします。その晩、明日大劇場のステージに立つチャンスがあると友人から電話がありました。自分の夢を叶えるために大劇場のステージに立つか、男の子との約束をとるか迷った手品師でしたが、翌日小さな町の片隅で男の子のために手品を披露します。

▶教材活用のポイント

　「あなたが手品師ならどうする？」といった、方法論に考えが流れそうな問いを中心にするのではなく、手品師の行動から誠実さについて考えたいです。例えば、「手品師は誠実？」という発問ですが、「誠実か誠実ではないか」という二項対立で考えることが目的ではありません。考える過程を通して、誠実とはどういうことか、自分の考えを深めてほしいのです。また、男の子に対しては誠実な行動であるが、夢を叶えるチャンスを逃したことに関しては、自分自身に対して不誠実とも考えられます。このように批判的に捉える展開もおもしろいでしょう。

▶教材をBefore→Afterで分析する

どうしよう…　翌日

授業の実際

導入 「誠実」のイメージを膨らませる

【直球発問】

「誠実に生きる」って何だろう？

（ポイント）内容項目を直球で問う

T：「誠実」という言葉を聞いたことがある？

C：あります。しっかりしている人みたいなイメージです。

【問い返し発問】

誠実な人って、よいイメージ？　悪いイメージ？

（ポイント）誠実のイメージをさらに膨らませる

C：よいイメージです。

T：（誠実そうな人のイラストを提示して）この人はどんな人だと思う？

C：いろいろなことを丁寧に教えてくれそう。

C：相談に乗ってくれそう。

T：（誠実そうな人が、心の中で何かを企んでいるイラストに変えて）

【問い返し発問】

でも実は、こんな人かもしれないよ？

C：心の中なんて分からないよ。

T：辞書には、「誠実」とは真面目で真心がある人と書かれていました。
　　今日のお話に出てくる手品師はどんな人か考えていきましょう。

教材を読む

【教材理解を促す発問】

お話を読んでどんなことを思いましたか？

110

展開A 手品師は誠実かどうかに着目する

C：手品師はすごいな。僕だったら、絶対劇場に行くと思う。

T：それはどうして？

C：だって、ずっと夢だったからです。

T：そっか。みんなだったら、劇場に行くことと男の子のどちらを選ぶ？
（子どもによって考えが異なり、それぞれ理由を聞いていく）

　教材理解を促す発問

手品師は男の子を選んだけど、手品師は誠実な人だと思う？

C：（多くの子どもたちが）男の子を選んだから誠実だと思います。

C：劇場に行ったら、男の子を裏切ることになるもんね。

T：確かに男の子に対しては誠実だけど、自分の夢を捨てたから自分には
誠実ではないと思いました。みんなはどう思う？

C：私もそう思う。手品師は自分のためになってないから。

C：自分で男の子の方に行くと決めたから、それでいいんじゃない？

▶ 展開の流れ

　手品師が男の子を選んだことがすごいという意見が出てきたところで、「自分
だったらどうするか」と問いかけます。考えが分かれたからこそ、「手品師は誠
実な人？」という次の問いに対する考えが広がります。「大劇場に行きたかった
だろうけど男の子を選んだところに誠実さが出たと思った」「本当は、大劇場に
行きたかったと思う。誰にも言わないけど、後悔していると思う」「迷わずにす
ぐに男の子を選んでいたら、誠実さ100%だった」といった考えに対して、クラ
ス全体へ問い返し発問をしながら誠実について考えていきます。

▶ こんな発問もGood！

● **教材理解を促す発問**：「手品師は、男の子に手品を披露することを選んだけど、
少しも後悔していないかな？」

● **中心発問**：「手品師に男の子の前で手品をすると決意をさせたのは何？」

● **教材を自分事として捉え、道徳的価値に迫る発問**：
「自分に誠実ってどういうことだろう？」

展開B 手品師にとっての「誠実」とは何かに着目する

T：手品師ってどんな人？

C：男の子を元気にさせた誠実な人。

T：どうして誠実だと思ったの？

C：大劇場に行きたいけど、約束を守って男の子に手品をしたから。

教材理解を促す発問

手品師にとって、誠実に生きるとはどんな生き方だと思う？

C：自分が決めたことは、守り通す。

T：それは約束を守るということ？

C：それもあるけど、男の子を笑顔にさせたかったんだと思います。

C：また、しょんぼりしてほしくなかったんだろうね。

T：大劇場に行った方が多くの人を笑顔にできるんじゃない？

C：人数じゃなくて、自分で決めた約束を守りたかったんじゃないかな。

▶ **展開の流れ**

　本授業のテーマである「誠実に生きる」ことについて考えていきます。手品師にとって誠実に生きるとは何か考えていくと、自然と自分のことを語り出す子どもがいるかもしれません。「自分で決めたことは、途中で諦めない」「誠実とはと聞かれても何と言えばいいか分からない。でも誠実に生きようとすることは大切だと思う」「誠実に生きていたら、きっと何かいいことがあるはず」という抽象的な意見でも、誠実さについて考えるきっかけとなるでしょう。

▶ **こんな発問もGood！**

● **教材理解を促す発問：**

　「手品師は、どんな思いから男の子に手品を披露することを決めたの？」

● **中心発問：**「たった1人のお客様に手品をしている手品師は、どんなことを考えているでしょう？」

● **教材を自分事として捉え、道徳的価値に迫る発問：**

　「みんなにとって、誠実に生きるとはどんな生き方？」

終末 「誠実に生きる」とは何か、考えたことを振り返る

T：今日は「誠実に生きるって何だろう？」について考えました。お話や友達の考えを通して、自分の考えた「誠実に生きる」について振り返りをしましょう。

道徳的価値に迫る発問

「誠実な人だ」と決めるのは誰？　自分？

C：友達から「誠実だね」と言われたら、うれしいだろうな。

▶ **こんな発問もGood！**
● 教材を自分事として捉え、道徳的価値に迫る発問：
「どうして誠実さが大切だと思う？」

授業の振り返り

私にとって、どちらの授業も「誠実さ」について考えるきっかけとなりました。今回この原稿を記すために改めて「誠実さ」について考え、道徳を共に学ぶ仲間にも相談したところ「誠実とは何かを自分に問い続けていること自体がそもそも誠実だよ」という回答をもらいました。今回の教材の「手品師」も、男の子のもとへ行くと即決したわけではないでしょう。迷いに迷った末に、男の子を選んだのです。このような視点から考えると、手品師は誠実な人間だなと感じました。

評価のポイント

「誠実に生きる」とは何か、自己を見つめ、物事を多面的・多角的に考え、自己の生き方についての考えを深めているか。
①普段の生活で、誠実に生きることができているか、自分を見つめている。
②手品師の言動や友達の考えから、自分自身に対する誠実さとはどういうことか、考えを広げている。
③「誠実に生きる」とはどういうことかを考え、これからの生活に生かそうとしている。

— 教材名 —

「ロレンゾの友達」

（出典：光村図書出版）

主題 真の友情とは

内容項目

主として人との関わりに関すること
B友情、信頼

第1学年及び第2学年	第3学年及び第4学年	第5学年及び第6学年
友達と**仲よくし**、**助け合う**こと。	友達と**互いに理解**し、**信頼**し、**助け合う**こと。	友達と**互いに信頼**し、学び合って**友情を深め**、**異性**についても理解しながら、**人間関係を築いていく**こと。

内容項目について

　友達が大切だということは、子どもたちも私たち大人も同じ考えではないでしょうか。一緒に遊んだり、助け合ったりする関係性が自分の支えとなっていることが度々あります。その反面、友達関係で悩むこともあるでしょう。子どもたちにとって、友達との関係性は、充実した学校生活を送ることができるかに関わってきます。けんかに発展することもあるかもしれませんが、よりよい人間関係を築くことの大切さや難しさについて考えていきたいですね。

指導のポイント

　学校生活では、健全な友達関係を育てていくことが大切になります。また、高学年の子どもや中学生は、異性に対する関心が強まる時期と言われています。「友情、信頼」の教材を読むと、異性に関するお話もあります。その教材の内容が、今のクラスの実態を見たときに、適切ではないと判断した場合は、教材を差し替えることが必要になってくる可能性があります。同性・異性に関係なく、互いに信頼しながら協力することを通して、真の友情を育て、よい関係を築いていきたいですね。

教材について理解を深める

▶ あらすじ

　刑事さんに、友達のロレンゾについて尋ねられたアンドレ、サバイユ、ニコライ。3人は刑事さんから、ロレンゾが会社のお金を持ち逃げしたと聞きます。そして、ロレンゾから明後日に会おうと連絡がきます。3人で話し合うと「ロレンゾを逃がす」「自首を勧める」「自首を勧め、自首しなければ警察に知らせる」と意見が分かれ、結論が出ません。翌朝、警察側の勘違いでロレンゾは無実だったことが分かり、久しぶりの再会を喜んだ4人でしたが、3人で話したことをロレンゾに伝えることはありませんでした。

▶ 教材活用のポイント

　アンドレ「僕はお金を持たせて黙って逃がしてやる」、サバイユ「僕はロレンゾに自首を勧める」、ニコライ「僕も自首を勧める。でもだめだったら、警察に知らせる」というように、考えが異なります。3人とも友達のことを思っていることは共通しています。しかし、友情の捉え方が異なっています。「みんななら、どうしますか？」という発問をするのではなく、3人のそれぞれの友情に対する思いを考えていくことで、「自分は、誰の考え方に似ているかな」「友情の捉え方は、人それぞれだな」と感じることができるでしょう。

▶ 教材をBefore→Afterで分析する

ぼくは
お金を持たせて
黙って逃がしてやる

ぼくも自首をすすめる。
でもだめだったら
警察に知らせる

ぼくはロレンゾに
自首をすすめる

ロレンゾの
無実が判明！

再会を祝って、町の酒場へと向かった。
思い出話がつきることはなかったが、
3人で話していたことを
ロレンゾに伝えることはなかった。

導入 「友達を信じる」ことについて意見を交流する

直球発問

「友達を信じる」って何だろう？

ポイント 内容項目を直球で問う

T：まず、友達ってどんな人？

C：自分のことを分かってくれる人。

C：相性がいい人。

問い返し発問

そういう友達なら信じられる？

ポイント 「信じる」に考えを広げる

C：信じられるかなぁ。

問い返し発問

友達を信じるためには、何が必要だと思う？

ポイント 信用や信頼することに焦点を当てて考える

C：とことん信じる。

C：いっぱい遊んで、仲よくなること。

C：自分のことも信じてもらえるようにした方がいい気がします。

T：友達を信じるって簡単なことかな？

今日の話を読んで、友達を信じることについて考えていきましょう。

教材を読む

教材理解を促す発問

お話を読んでどんなことを思いましたか？

展開A　4人の関係性について考える

C：4人は本当に友達なのかな？

T：どうしてそう思ったの？

C：だって、ロレンゾのことを犯人と思っているから。

C：確かに。ロレンゾのことを信じていなかったよね。

教材理解を促す発問

みんなは、4人は友達だと思う？

ポイント 4人の関係性を問う

C：友達だけど、すごく仲のよい友達とは言えないと思います。

C：でも、ロレンゾは3人のことを友達と思っていると思うよ。

T：じゃあ、3人はロレンゾのことを友達だと思っているかな？

C：友達だと思っているけど、疑ってしまったから反省しているかも。

C：友達だけど、信じなかったから本当に友達と言えるかはあやしい。

▶ 展開の流れ

　4人の関係性について考えていきます。4人のセリフや挿絵から読み取った表情などから、友達と言えるのか考えます。考え方はそれぞれでも、「友達だから、逃がしてあげたいな」「それはだめだよと伝えるのも友達だろうけど、警察には言いにくいかな」「まずはロレンゾの話を聞くべきだと思う」と多様な考えが出ることにより、子どもたちの友情の捉え方の違いが見え始めるでしょう。

▶ こんな発問もGood！

● **教材理解を促す発問：**

　「3人の中でロレンゾにとって一番いい友達は誰だと思う？」

● **中心発問：**「3人は、どうして疑っていたことをロレンゾに言わなかったの？」

● **教材を自分事として捉え、道徳的価値に迫る発問：**

　「もし信じていないのなら、友達とは言えないのではないかな？」

　　　C：私なら、ロレンゾを逃がしてあげるかな。

　　　C：一緒。何か理由があって、ここに来ようとしているんだと思う。

　　　T：アンドレの考え方に似ているのですね。

教材理解を促す発問

3人は友達のことをどんなふうに思っているのでしょう？

　　　C：アンドレは、大切な存在だから守ってあげたいと思っている。

　　　C：サバイユもニコライも、だめなことをしているよと気付いてほしいから自首を勧めたと思います。

　　　C：友達だから、悪いことをしてほしくないのだと思います。

　　　T：3人の友達に対する考え方は違いますね。誰の考えに共感できますか？

　　　C：アンドレ。

　　　C：本当は、自首を勧めたいけど、私もアンドレかな。

　　　C：僕は、ニコライ。

▶展開の流れ

　3人の友情の捉え方を考えます。「友達だからこそ守ってあげたい」「反対に友達だからこそ悪い人になってほしくない」と考えが分かれるかもしれません。その後、「ロレンゾのことを一番思っている人は誰でしょう？」と発問すると、「自首を勧めて、だめだったら警察に知らせるニコライかな」「思っているのは全員だよ」「考え方が違うだけで、3人ともロレンゾのことを思っている」など、様々な意見が出ることが予想されます。

▶こんな発問もGood！

●教材理解を促す発問：

　「3人はロレンゾのことを、どう思っているのでしょう？」

●中心発問：「最後の場面でどうして3人は暗い顔をしているの？」

●教材を自分事として捉え、道徳的価値に迫る発問：

　「みんなにとって、友達ってどんな存在？」

終末 「友達を信じる」とは何か、考えたことを振り返る

T：今日は「友達を信じるって何だろう？」について考えていきました。お話や友達の考えを通して、自分の考えた「友達を信じる」とは何かについて振り返りをしましょう。

【道徳的価値に迫る発問】

友達だから信じられるの？

それとも信じられるから友達になれるの？

💡ポイント 友情と信頼について考える

C：信じられるから友達になれるかな。

C：そうでなければ友達にはなれない。

▶ **こんな発問もGood！**

● 教材を自分事として捉え、道徳的価値に迫る発問：

「友達にならなんでも言える？ 友達だから言いにくいこともある？」

授業の振り返り

授業では、教材を読む前に、登場人物4人の名前やそれぞれの考えを、Googleスライドにまとめて提示しました。提示したことにより、読解が苦手な子どもだけでなく、クラス全員への手助けになったと感じています。導入に時間はかかりましたが、その代わりに展開で教材の内容を確認する時間を省くことができました。子どもたちが教材の内容をしっかりと理解したからこそ、展開A案とB案のような友情に対する考えが出たと感じました。

評価のポイント

「友達を信じる」とは何か、自己を見つめ、物事を多面的・多角的に考え、自己の生き方についての考えを深めているか。

① 友達のことを信じて共に過ごしているか、自分を見つめている。

② 友達に対する考え方は、多様であることを知り、見方や考え方を広げている。

③ 健全な友達関係を築くために、大切なことは何か考えている。

— 教材名 —

「エルトゥールル号　友好の始まり」

（出典：光村図書出版）

主題　他国の人々と支え合いながら

内容項目

主として集団や社会との関わりに関すること

C国際理解、国際親善

第1学年及び第2学年	第3学年及び第4学年	第5学年及び第6学年
他国の**人々や文化**に**親しむ**こと。	他国の**人々や文化**に**親しみ**、**関心をもつ**こと。	他国の**人々や文化について理解**し、**日本人としての自覚**をもって**国際親善**に**努める**こと。

内容項目について

　低学年は、人々や文化に親しむ。中学年は、関心をもつ。そして高学年では、理解し国際親善に努める。ねらいを読むと、高学年になり一層難しくなったように感じます。

　高学年になると、マスメディアに接することや社会科、外国語科などの学習を通して、他国への関心や理解が深まります。他国について考えるとともに、日本の伝統や文化を理解した上で他国の人々とつながり、国際親善に努めようとする態度を育てることが大切です。内容項目「伝統と文化の尊重」との関連も考えつつ、授業を展開しましょう。

指導のポイント

　国際理解は、「国民と国民の関係」「国家と国家の関係」です。表面的な理解ではなく、他国のことを本気で思いながら理解を深めることが大切です。私たちが自国（日本）に愛情や誇りをもっているように、他国の人も自国の文化に愛情や誇りをもっているでしょう。そのことを理解した上で、自分にできることを考え、進んで他国の人々とつながり、交流活動を進めたりより親しくしたりしようとする国際親善の態度を養うことが求められます。

▶あらすじ

　大型の台風が和歌山県に近づいてきました。その夜、全身ずぶ濡れの外国人の男たちが訪ねてきました。岩に乗り上げて沈没しかかったエルトゥールル号から泳いできたのでした。灯台には、かわいた布や毛布、けがの手当てに必要なものが足りません。食料も貴重で白米を食べられるのは年に数回でした。しかし、灯台の職員や村人たちは、迷うことなく分け与えます。こうした行いにより、たくさんの乗組員の命が助かりました。このことがきっかけとなり、両国の友好が始まります。

▶教材活用のポイント

　トルコの人たちは、エルトゥールル号のことを忘れず、現在も語り継いでいるようです。日本では、5年に1度犠牲者を悼む慰霊祭、年に1度小学生による慰霊碑の大掃除が行われています。約130年前のことですが、両国が互いの国を思いながら、自分たちにできることをしています。きっと両国には、目には見えない強い絆が生まれたでしょう。国は違いますが、同じ地球に住む人間として互いに思いやりの心をもつことになります。この思いやりを考えることを通して、「国際理解、国際親善」の考えが子どもたちから出てくるでしょう。

▶教材をBefore→Afterで分析する

灯台の職員や村人が
乗組員たちを助ける

約130年たった
今でも

現在もとぎれることなく
絆が続いている

導入 他教科とのつながりから、国際理解について考える

直球発問

「国同士の助け合い」って何だろう？

ポイント 内容項目を直球で問う

C：外国の食べ物を買ったり、外国に売ったりしていることも助け合い？

T：社会科の時間に勉強した輸入と輸出のことですね。それも、国同士で助け合っていますね。

問い返し発問

助け合っているのは、食べ物だけかな？

ポイント 考えをさらに広げる

C：日本は車を作ることが有名だから、外国に車を売っています。

C：外国で大きな地震があったとき、コンビニで募金をしていました。

T：他にも助けていることがありそうですね。

問い返し発問

日本が助けてもらっていることはある？

ポイント 自分たちの生活経験から考える

C：うーん。思い浮かばないです。

T：難しいですね。（国旗を提示し）この国はどこか知っていますか？

C：トルコです。

T：正解です。日本とトルコの関係を知っている人はいますか？　今日は日本とトルコがどんな関係なのか、お話を読んで考えていきましょう。

教材を読む

教材理解を促す発問

お話を読んでどんなことを思いましたか？

展開A 日本とトルコ、両国のよさについて考える

C：こんなことがあったなんて聞いたこともなかったです。

C：すごい話だね。

T：どうしてすごいと思ったの？

C：130年経った今も、日本もトルコもいろいろなことをしているからです。

教材理解を促す発問

日本とトルコはどんなことをしているの？

ポイント 両国のよさを出し合う

C：日本は、慰霊祭と掃除をしています。

C：トルコは、学校で日本人が助けてくれたことを話しています。

C：トルコの人は、日本と仲よくなって100年記念の切手も作っていたね。

T：どうして今も、お互いの国のことを思い合っているのだろうね。

C：トルコの人は、日本人が自分たちの国の人を助けてくれたから、ずっと感謝の気持ちがあるのだと思います。

C：トルコの人って優しい人が多いんだね。

C：和歌山の近くでたくさんの人が亡くなったから、放ってはおけなかったんだろうね。

▶展開の流れ

　日本とトルコの関係性について考える展開です。両国とも、相手の国のために今も思い続けています。そこにすごさを感じる子どももいるでしょう。日本視点で考えると「住んでいる国は違うけれど、同じ人間なのだから助けたい」「亡くなった方のために、慰霊碑をきれいにしたい」、トルコ視点で考えると「日本の皆さん、助けてくれてありがとう」「日本には大きな恩がある。このことは、子どもたちにも伝えたい」という考えが子どもたちから出てくるかもしれませんね。

▶こんな発問もGood！

● **教材理解を促す発問**：「日本とトルコはどんな関係？」

● **中心発問**：「どちらの国の方が、相手の国を思う気持ちが強い？」

● **教材を自分事として捉え、道徳的価値に迫る発問**：

　「国同士が助け合うためには、何が必要だろう？」

C：いいお話だね。

C：お互いに支え合ってきたのだろうね。

T：国が遠いからなかなか会えないのに、支え合っているの？

C：自分たちにできることをしていると書いてありました。それが絆になったのだと思います。

教材理解を促す発問

どんな絆が生まれたと思う？

ポイント　絆に焦点を当てる

C：どんなことがあっても、これからも仲よし。

C：何かあったら、お互いに助け合おう。

C：きまりがあるわけではないけれど、「困ったらお互い様」みたいな感じかな。

T：素敵ですね。そんな絆が130年も続いていることをみんなはどう思う？

C：すごい。本気で助け合おうと思っているのだろうね。

C：そうでなければ、こんなに続かないと思う。

▶ 展開の流れ

　教材文に記されている、絆について考える展開です。絆とは、人と人との断つことのできないつながりのことです。今回のお話も、まさしく両国の間に絆が生まれたのでしょう。絆について考えることは抽象度が高いことが想定されます。そんなときこそ、子どもたちの考えをつないだり、問い返し発問をしたりすることで、「つながり」「国同士の思いやり」「切っても切れないもの」「これからもずっと大切にしていきたいこと」など、考えるきっかけとなるキーワードが子どもたちから出てくるでしょう。

▶ こんな発問もGood！

● 教材理解を促す発問：「どうして自分たちの大切な食料を差し出してまで乗組員を助けたの？」

● 中心発問：「日本とトルコをつないでいる絆とは、どんなものでしょう？」

● 教材を自分事として捉え、道徳的価値に迫る発問：

　「他国の人々と絆を深めるには、どんな考えが必要でしょう？」

終末 「国同士の助け合い」とは何か、考えたことを振り返る

T：今日は「国同士の助け合いって何だろう？」について考えました。お話や友達の考えを通して、自分の考えた「国同士の助け合い」について振り返りをしましょう。

道徳的価値に迫る発問

国と国との理解や親交を阻むものは何だろう？

C：言葉が違うから、コミュニケーションをとるのが難しいことかな。

C：文化の違いで、トラブルになることもあるのかもしれない。

▶ **こんな発問もGood！**

● **教材を自分事として捉え、道徳的価値に迫る発問：**

「外国のことを考える前に、日本のことをどれだけ知っている？」

授業の振り返り

「国際理解、国際親善」の学習は、授業が知的な理解にとどまってしまうことがよくあり、私の課題でした。今回は、両国の思いや絆を考えたため、より深く考えることができたと感じています。私の中で、内容項目B「親切、思いやり」の対象を他者から集団や社会に広げて考えたイメージです。他国の人々や文化を理解し、国際親善に努めるためには、「親切、思いやり」の考えがベースにないといけないのではないかと、気付くことができました。

評価のポイント

「国同士の助け合い」とは何か、自己を見つめ、物事を多面的・多角的に考え、自己の生き方についての考えを深めているか。

①他国の人々や文化について、自分の考えを振り返っている。

②両国の立場から、国際親善に努めるとはどういうことか、考えを広げている。

③他国の人々とよりよい関係を築くために大切なことを考えている。

まとめ

　以上、14の定番教材の活用のポイントや発問例でした。第2章で記した「5つの発問」について、授業の全体を示しながら記したため、より発問の意図が汲み取りやすかったのではないでしょうか。発問を見ながら「なるほど。そういう発問をすると子どもたちが深く考えられそう」「今までの自分には、そのような発問は思い浮かばなかった。参考にしよう」と感じていただけたのなら、ありがたいです。

　一方で、「その発問より、自分の考えたこの発問の方がいいのではないかな」と感じていただけたとしてもありがたいです。それは、私の考えた発問をきっかけに、読者の皆様がよりよいと感じる道徳科の発問を見つけられたからです。

　話は変わりますが、特に第3章を記しているときに何度も思い返したことがあります。それは、私がうまくいかなかったと感じた授業です。2つ紹介します。

▶ うまくいかなかった授業1
○教材研究不足

　道徳科の教材研究をしていたときです。時間に余裕がなく、本時の内容項目について考える時間を少ししか確保することができませんでした。それだけでなく、発問例や板書計画も、とても充分とは言えない教材研究でした。「今回は、いつもより教材研究の時間を確保できなかったけれど、子どもたちの考えを聞き、考えをつなぎながら授業を進めよう」と考えました。

　そして授業当日。「あれ、いつもと違う。授業にLIVE感がないし、話しながら自分の発する言葉に違和感がある」「今、変な間が空いた。それは、きっと私が何と発問しようか迷っているからだ」と授業中に感じ、とても焦りました。子どもの考えを聞き、授業を進めるという意識をもつことはもちろん大切です。しかし、**教材研究が充分にできていなかったため、迷いが生まれてしまいました。教材研究の大切さを痛感しました。**

▶ うまくいかなかった授業2

○子ども理解不足

　先程とは違い、教材研究を充分に行うことができた事例です。学習指導要領解説や書籍を参考にして内容項目を分析し、発問例もたくさん考えました。展開案も複数あったため「早く授業がしたい！」と意気込んでいました。

　授業当日。教材研究のときには、予想もしなかった展開になりました。しかし、私の中で「この発問をして、みんなで考えたい」という思いがあったため、授業の流れとは合わない発問をしてしまいました。きっと教材研究に時間をかけたため、余計にそのように考えたのだと思います。当然、授業の流れと発問がうまくかみ合わず、子どもたちから「ん？　先生は何の話をしているんだろう」という声が聞こえてきそうな雰囲気でした。**クラスの子どもたちの実態から授業を考えたつもりでしたが、うまくいきませんでした。**

　もちろん、子どもの考えをつなぎながら授業を進められたと感じたこともあります。私の中でうまくいったと感じた授業も紹介します。

　私が黒板に発問（教材を自分事として捉え、道徳的価値に迫る発問）を書いているときにある子がつぶやきました。「そもそも礼儀正しいってどういうこと？」そのつぶやきを聞いた周りの子どもたちが、自分の考えを話し始めました。私は、黒板に途中まで書いた発問をすぐに消し「そもそも礼儀正しいってどういうこと？」と書き直しました。その後は、子どもたちの活発な議論が展開されました。

　教材研究をしていたからこそ、**子どものつぶやきに授業を深められる問いがあると感じ取ることができました。**また、**子どもたちが考えたいと感じる発問で授業を進めることができました。**改めて発問のもつ力、そして教材研究の大切さを学ぶことができました。

　今回、14の教材について「5つの発問」を記しましたが、もちろんその教材にしか活用できないわけではありません。内容項目が違っても学年が違っても、応用することができるはずです。「私は今、○年生の授業を担当しているから、この教材の授業をすることはない」ではなく、「**この教材は、今度授業する教材に授業の展開が似ている。何か参考になるかもしれない**」と考えていただきたいです。

おわりに

　本書を最後まで読んでいただき、ありがとうございました。5つの発問で道徳科の授業を構成し、子どもたちと共に本気で考えている様子が伝わったでしょうか。また、導入、展開、終末の流れを、教材を活用して記したため、授業の全体像がイメージしやすかったのではないでしょうか。

　子どもたちが教材のどこに着目するのか、どのような考えをもっているかは、実際に授業をしてみないことには分かりません。もちろん、日頃から子どもたちのことをしっかり見て、子ども理解を深めることは大切なことですが、完璧に理解することは難しいです。授業者が考えた道徳科の授業計画は、言うまでもなく「案」。その通りに授業が展開されることは、ほぼないでしょう。だからこそ、子どもたちの考えをつなぎながら授業を展開するという意識をもつことが大切だと考えています。

　本書は14の教材について記しました。そのために教材研究ノートや板書、子どもたちの振り返りを見ていると、懐かしい気持ちになりました。それだけでなく、「あのときの〇〇さんの考えは、当時の私にはなかった。新しい発見であり、学びだったなぁ」「〇〇さんの考え方は、今も授業中に紹介することもあるなぁ」というように感じることも多々ありました。一緒に本気で考えてくれた子どもたちに感謝です。ありがとうございました。

　さて、前著は全ての内容項目の考え方や発問例、本書は5つの発問と実際の授業について記しました。本書を読んでくださった皆様から「じゃあどのように道徳科の教材研究をしているの？」という声が聞こえてくるかもしれませんね。教材研究についての考え方は先生方によって異なるでしょう。

もちろん、私の考える教材研究のポイントや流れはあります。教材研究については、また別の機会に皆様にお届けすることができるように、今以上に学んでいきます。

　本書を出版するにあたり、東洋館出版社の皆様、特に編集を担当してくださった佐々木美憂様には、大変ご尽力いただきました。本書の構成や発売に向けたスケジュール管理など、たくさん助けていただきました。また、杉森尚貴様にも、本書の企画について具体的なアドバイスをいただきました。心より感謝申し上げます。引き続き、どうぞよろしくお願いいたします。
　そして最後に、一番近くで私を支えてくれた、妻と息子に感謝の気持ちでいっぱいです。いつもありがとう。

2023年11月　中村優輝

📖 参考文献　※筆者五十音順

- 青木孝頼 編著（1983）『価値の一般化の発問』明治図書出版
- 青木孝頼（1995）『道徳授業の基本構想』文溪堂
- 青木孝頼 編著（1991）『道徳授業に生きる基本発問　低学年』明治図書出版
- 青木孝頼 編著（1991）『道徳授業に生きる基本発問　中学年』明治図書出版
- 青木孝頼 編著（1991）『道徳授業に生きる基本発問　高学年』明治図書出版
- 赤堀博行（2021）『道徳的価値の見方・考え方　「道徳的価値」の正しい理解が道徳授業を一歩先へ』東洋館出版社
- 赤堀博行 監修、日本道徳科教育学会 編著（2021）『道徳教育キーワード辞典　用語理解と授業改善をつなげるために』東洋館出版社
- 浅見哲也（2020）『こだわりの道徳授業レシピ　あなたはどんな授業がお好みですか？』東洋館出版社
- 安斎勇樹、塩瀬隆之（2020）『問いのデザイン　創造的対話のファシリテーション』学芸出版社
- 加藤宣行（2018）『考え、議論する道徳に変える発問&板書の鉄則45』明治図書出版
- 木原一彰（2015）「複数関連価値統合型の道徳の時間の可能性　―学習指導過程の固定化を克服するために―」日本道徳教育学会事務局
- 島恒生（2020）『小学校・中学校納得と発見のある道徳科　「深い学び」をつくる内容項目のポイント』日本文教出版
- 新宮弘識（2016）「道徳授業ハンドブック3　特別の教科道徳の内容項目がこの一冊でわかる！」光文書院
- 『道徳教育』編集部 編（2019）『考え、議論する道徳をつくる新発問パターン大全集』明治図書出版
- 髙宮正貴（2022）「道徳授業における『価値の一般化』の再検討　―展開後段における『再特殊化』の導入―」p.51-63『大阪体育大学教育学研究』大阪体育大学教育学研究

● 髙宮正貴（2020）『価値観を広げる道徳授業づくり　教材の価値分析で発問力を高める』北大路書房

● 髙宮正貴、杉本遼（2022）『道徳的判断力を育む授業づくり　多面的・多角的な教材の読み方と発問』北大路書房

● ダン・ロスステイン、ルース・サンタナ 著／吉田新一郎 訳（2015）『たった一つを変えるだけ　クラスも教師も自立する「質問づくり」』新評論

● 土屋陽介（2019）『僕らの世界を作りかえる哲学の授業』青春出版社

● 中村優輝（2022）『内容項目から始めよう　直球で問いかける小学校道徳科授業づくり』東洋館出版社

● 細谷功（2014）『具体と抽象　世界が変わって見える知性のしくみ』dZERO

● 村上敏治 編著（1983）『小学校道徳内容の研究と展開』明治図書出版

● 文部科学省（2017）「小学校学習指導要領（平成29年告示）解説　特別の教科道徳編」

● 文部科学省（2017）「中学校学習指導要領（平成29年告示）解説　特別の教科道徳編」

● 文部科学省「2030年の社会と子供たちの未来」
https://www.mext.go.jp/b_menu/shingi/chukyo/chukyo3/siryo/attach/1364310.htm

● ヨシタケシンスケ（2019）『なんだろうなんだろう』光村図書出版

● 吉田誠、木原一彰 編著（2018）『道徳科初めての授業づくり　ねらいの８類型による分析と探究』大学教育出版

● 道徳科教科書１〜６年「きみがいちばんひかるとき」光村図書出版

● 道徳科教科書１〜６年「生きる力」日本文教出版

著者紹介

中村優輝

大和郡山市立平和小学校教諭

Xで「ちょぱえもん」（@ doutokuka）として、道徳科の授業の発信を続けている。2023年12月時点でフォロワーは約7000人。『内容項目から始めよう　直球で問いかける小学校道徳科授業づくり』2022年3月（東洋館出版社）、『生徒指導提要を現場の目線で読む』（東洋館出版社）、『道徳教育』『授業力＆学級経営力』（明治図書出版）、『リレー連載「一枚画像道徳」のススメ』みんなの教育技術（小学館）などに執筆。LINEオープンチャット「Twitter道徳部」「みんなのがっこう＠研修部」「子どもも先生も楽しい授業を創る」に所属し、主に道徳科の授業づくりに関する情報を発表している。

子どもと共に本気で考える！
小学校　5つの「発問」でつくる道徳授業

2024（令和6）年2月3日　初版第1刷発行

著　者：中村優輝
発行者：錦織圭之介
発行所：株式会社　東洋館出版社
　　　　〒101-0054　東京都千代田区神田錦町2丁目9番1号
　　　　　　　　　　コンフォール安田ビル2階
　　　代　表　電話03-6778-4343　FAX03-5281-8091
　　　営業部　電話03-6778-7278　FAX03-5281-8092
　　　振　替　00180-7-96823
　　　URL　https://www.toyokan.co.jp

装丁デザイン：上村知美（株式会社明昌堂）
本文デザイン・組版：株式会社明昌堂
イラスト：しゅんぶん
印刷・製本：株式会社シナノ

ISBN978-4-491-05445-2　　　　　　　　　Printed in Japan